LOS 1001 CONSEJOS Y SIGNIFICADOS + POPULARES DE:

AMOR - AUTOESTIMA - DESAMOR - PAREJAS

SUEÑOS -INFIDELIDAD - RELACIÓN TÓXICA

SIGNOS ZODIACALES - DATOS PSICOLÓGICOS

"HERMANOS PANCARDO"

Primera edición 2020

LOS 1001 CONSEJOS Y SIGNIFICADOS + POPULARES DE: amor – autoestima-desamor-parejas-sueños- infidelidad-relación tóxica-signos zodiacales – datos psicológicos.
© Derechos Reservados
www.hermanospancardo.com

Impreso y hecho en México.

Fotografía, diseño de portada y recopilación de datos: Alberto Ramírez Carmona.

Edición: Mayra Sosa-Martinez.

ISBN: 9798588550642

ÍNDICE

PRÓLOGO

Es verdaderamente impresionante la cantidad de interrogantes que una persona puede tener en su cabeza rondándole como una rueda de la fortuna yendo y viniendo, muchas veces sin dejarle vivir, sin dejarle dormir, sin dejarle tener una vida y aunque parece algo exagerado, es una realidad para millones de personas y tal vez, puedas preguntarte ¿cuáles son los temas que más invaden a una persona común? En este libro los Hermanos Pancardo tienen la misión de mostrártelos.

Durante más de una década como *speakers,* los Hermanos Pancardo han comprobado, de acuerdo con el estudio de las personas y sus comportamientos, que el simple hecho de dudar si alguien en realidad te ama o no, basta para que te atormente, no te deje estudiar, no te deje trabajar, no te deje hacer tus actividades cotidianas y afecte tu felicidad.

Este libro pretende de manera contundente explicar de forma muy sencilla, rápida, concisa y con mucho humor (característico de los Hermanos Pancardo) en algunos casos, las preguntas más populares de miles de seguidores de sus redes sociales, dándole preferencia en este libro al estilo de *Tik tok,* red social que ha revolucionado al Mundo.

Después de subir más de 100 videos virales en *Tik tok,* con más de 200 Millones de reproducciones sobre la interpretación de amor y desamor, sueños, signos zodiacales, parejas tóxicas, relaciones humanas, lenguaje corporal, datos psicológicos y curiosos, entre otros; Los Hermanos Pancardo deciden recopilar y reescribir sus interpretaciones más famosas, llegando así a sus manos este libro con lo mejor de lo mejor de sus significados.

Actualmente *Tik tok* y las redes sociales están saturadas de información con videos y contenido de todo tipo, incluso en las propias redes de los Hermanos Pancardo encontrarás cientos de videos de temas diversos, es por ello que, si miras un video que te ha servido, que te ha inspirado, que te ha sacado de dudas, es muy probable que luego quieras buscarlo para revivir el mensaje y sea una tarea casi imposible encontrarlo, si es que no lo guardaste desde el principio. Este libro soluciona ese inconveniente ya que aquí podrás encontrar fácilmente y por sección, el significado que necesitas para resolver lo que enfrentas en este momento de tu vida.

De igual forma si tienes amigos o familiares con interrogantes que ya has leído en esta obra, fácilmente podrás compartirles la información e incluso ayudarles y orientarles rápidamente.

Es demasiado importante aclarar que todos los significados en esta obra no necesariamente tienen toda la verdad o se acoplan a todas las personas y son mera interpretación personal de los Hermanos Pancardo, interpretación acorde a su experiencia de vida, a sus estudios del comportamiento humano, a su experiencia en miles de conferencias impartidas a millones de personas, a su experiencia con cientos de personas sanadas por videollamada y a los miles de casos reales que han recibido por las diferentes plataformas y que han resuelto satisfactoriamente.

La confianza de las personas en todo el contenido de los Hermanos Pancardo viene simplemente de que los consejos o sugerencias que les han dado, los cuales les han servido para aclarar sus dudas, les han servido para dejar a un patán, les han servido para saber el significado de sus sueños, les han servido para saber si dejar o no a una persona, saber si aún una relación tiene futuro o se ha terminado desde hace mucho tiempo y también para descifrar por qué sus parejas les fueron infieles, entre miles de cuestiones más.

Disfrutemos juntos de este libro y dejémonos llevar por este viaje de preguntas y respuestas, de consejos directos y sin censura, de humor y un poco de locura y hagamos de esta lectura una experiencia que a muchos nos cambie la vida. Recuerda que a veces basta una frase o una palabra para transformar tu mundo.

ACERCA DEL AUTOR

¿Quiénes son los Hermanos Pancardo?

Los Hermanos Pancardo son unos de los conferencistas más afamados en México y Latinoamérica, tienen 13 años de carrera, más de 7 millones de seguidores en sus redes sociales y han impartido hasta hoy más de mil conferencias con ÉXITO TOTAL en los mejores foros, congresos y eventos abiertos al público.

La gente no avanza en su vida, trabajo, escuela o negocio porque vienen cargando fuertes dolores del pasado que se manifiestan en su presente como fracasos, desamores, estrés, angustias, resentimientos y culpas, por lo que los Hermanos Pancardo no solo motivan a las personas, sino que atacan el problema desde el interior con un estilo dinámico, entretenido y reflexivo para crear una sanación profunda que les permita expresar sus máximos talentos y sacar a flote todo ese potencial dormido para avanzar y salir delante de cualquier adversidad.

Lo que diferencia de los Hermanos Pancardo a otros conferencistas famosos, es que son, el único dúo de speakers en todo el mundo, creando una interacción y dinamismo inigualable con su audiencia, hablan directo y sin rodeos rascando en la profundidad del iceberg y no solo en la superficie como la mayoría; te divertirás, reflexionarás y aprenderás al mismo tiempo y no entenderás cómo puedes pasar de la risa a las lágrimas y de las lágrimas a un compromiso, en cuestión de minutos.

Han impartido conferencias motivacionales en universidades de prestigio como el Tec de Monterrey, la Anáhuac, el día del emprendedor en el world trade center de la ciudad de México y más de 50 tecnológicos, también empresas de prestigio han vivido la mágica experiencia de sus conferencias como OXXO, Chedrahui, Volkswagen, PepsiCo, femsa, Nissan y hasta el Canal de Panamá, más de 300 reconocimientos nacionales e internacionales los avalan.

Su controversial estilo de transmitir sus mensajes, entre humorístico, reflexivo y dramático, los ha posicionado como unos de los conferencistas con más seguidores de toda Latinoamérica. Han estado muchas veces en boca de los más importantes medios de comunicación y diarios de todo México, aunque al final, el número de vistas en sus videos con millones de reproducciones y los miles de corazones y comentarios positivos de sus seguidores, demuestran el cambio tan profundo que tienen las personas que escuchan sus mensajes.

Han capacitado a más de mil personas de forma directa, desde amas de casa y emprendedores, hasta empresarios y personalidades de México, Centroamérica, Sudamérica y Europa para soltar, sanar, cerrar ciclos y avanzar en sus vidas.

También son cantantes y autores registrados en la (Sociedad de Autores y Compositores de México liderada por Armando Manzanero) Su disco de canciones motivacionales titulado "No me digas que no se puede" ya cuenta con más de diez mil copias vendidas y su libro "Tocando el alma" se ha convertido en un best seller que ha transformado la vida de más de cien mil lectores. Cabe destacar, que tienen una historia de éxito muy dramática de la cual pasaron de ser cantantes de camiones a influencers, empresarios y conferencistas reconocidos.

Hoy en día son de los pocos conferencistas mexicanos en llenar auditorios por boletaje con sus conferencias y monólogos para soltar, sanar, avanzar y cerrar ciclos.

AMOR Y PAREJA

En esta sección podrás encontrar los significados de las preguntas más populares sobre el amor de pareja, incluso amores prohibidos; podrás descifrar y analizar en qué nivel de amor se encuentra tu relación y cuáles son las acciones que la fortalecerán aún más; sabrás porque tu pareja actúa de una u otra forma y también aprenderás a dominar y sobrellevar esas situaciones.

1. Si tienes pareja, salgan, rían, bailen, viajen, tengan proyectos, ahorren y planeen mil locuras, porque eso es lo que crea una relación de verdad.

2. Si una persona te está molestando, juguetea contigo significa que... te adora, te ama y te quiere mucho y quiere andar contigo. También puede ser un buen amigo o amiga que siempre te chinga, pero solo es porque te adora.

3. Hay dos razones para comenzar una relación amorosa, la primera es para compartir todo lo que eres con alguien más. La segunda es buscando completar tus necesidades psicológicas, físicas y amorosas a través de la otra persona. Si tu razón para comenzar una relación es de exprimir de la otra persona todo lo que falta en ti; tarde o temprano eso va a terminar muy mal.

4. Para la persona indicada siempre serás su mayor bendición.

5. El amor nos hace brillar, cambiar nuestro ánimo, por eso nunca cierres tu corazón. Siempre vale la pena intentarlo, ¿qué no has visto a la gente enamorada como le brillan los ojos? Sabes, enamorarse es tener las endorfinas y el entusiasmo elevado, es tener a Dios dentro de ti y ser feliz. Aunque después tal vez esto traiga dolor, pero aun así siempre vale la pena el amor. Recuerda el amor te hace ver más atractivo.

6. No busques un amor con prisa ni preocupación, cuando realmente quieres a alguien que valga la pena llegará en el momento perfecto.

7. Y llegará esa persona igual de fiel e igual de sincera como lo eres tú.

8. Soltar, sanar y avanzar son los pilares de la felicidad.

9. El amor está en dar lo mejor para esa persona que ha impactado tu vida de manera positiva. Esa persona que sin haberlo pensado o planeado ha llegado a tu vida a cambiarlo todo. Creemos que el amor es la unión de dos seres individuales es ponerte en los zapatos de la otra persona en el dolor, pero también en su alegría. Está escaso el amor, está en peligro de extinción; hoy en día con tantas redes sociales, con tanta infidelidad, pero si tú lo has encontrado no dejes que se muera por eso debes regarlo todos los días.

10. ¿Cuánto tiempo has perdido con la persona que amas?, ponte a reflexionar: ¿cuánto tiempo han peleado, se han enojado por una estupidez, se han gritado en la calle, o en el auto? ¿Cuántas veces tus hijos los han visto pelear?, si tienen hijos, tanto tiempo discutiendo, hablando para llegar siempre a la misma chingadera y terminan estando juntos de todas maneras. Ese tiempo perdido en tantas peleas se debería usar en amarse, valorarse y respetarse. Cambia los gritos por besos, los disgustos por abrazos, el

silencio por palabras de amor, y te darás cuenta al final que tu pareja también lo hará, y entonces volverá a nacer el amor de los primeros meses cuando se conocieron. ¡Inténtalo!

11. Y entonces llegará esa persona que sume y no te reste, alguien que te ame tanto como a sí mismo, esa persona que sabes que va a estar contigo hasta su último aliento.

12. Del odio al amor sólo hay un paso, déjame decirte algo, por eso a veces sientes que lo odias, pero solo significa que aún lo amas. Así que ten mucho cuidado. El odio y el amor son sentimientos poderosos, demasiado extraordinarios y separados solamente por una línea muy delgada. Esa es la razón de la incertidumbre de hoy poder odiarlo y mañana poder amarlo.

13. Enamórate de un hombre que siempre busque tu mirada y se pierda en tus ojos, que te haga sentir la única persona en este mundo y capaz de hacer cualquier cosa para verte sonreír. Que comparta contigo las responsabilidades y que se preocupe por ti cuando no estés bien, que te diga que todo irá bien aunque todo va mal, que valore a la familia y a los amigos, que te robe besos, que sepa escuchar a pesar de tus tonterías, que pase el tiempo contigo, que exprese sinceramente lo que sienta y piense, que te ame y que confíe en ti. Enamórate de un hombre libre que ha decidido estar contigo

pero en verdad, enamórate de ese hombre que comparta su felicidad contigo.

14. **Cásate a los treinta y cinco años:** si nos remontamos a los años antiguos la gente moría a los cuarenta y cinco años por eso se casaban a los dieciocho. Hoy en día, nuestra esperanza de vida es hasta los ochenta o noventa años. Si conocemos gente hasta los cien años, por qué tenemos que casarnos tan jóvenes.

Cuando nos casamos tan jóvenes nos reprimimos de tantas cosas, entonces, cuando llegamos a una edad adulta resurgen y por eso hay tanta infidelidad, tantas broncas, porque queremos hacer todo lo que no pudimos cuando éramos jóvenes. ¡Por Dios! Cuando eras joven te casaste por güey y eras totalmente inmaduro, cómo quieres una relación que prospere.

Una persona que se casa a los treinta y cinco años tiene más posibilidades de tener un matrimonio feliz porque es una persona más madura que ya vivió y ya experimentó.

15. Antes de terminar con tu pareja, antes de qué lo decidas solo por hoy mírala como la miraste cuando la conociste, cuando salían, cuando la viste por primera vez, ¿qué fue lo que sentiste?, ¿con qué ojos la mirabas? y entonces te darás cuenta de muchas cosas, qué tan compatibles como pareja son. Es decir, a lo mejor tú eres positiva y él es una persona deprimida que

siempre está enfocado en lo negativo. Otro ejemplo, tú eres una persona limpia y el sucio o puerco. Si tú no eres compatible con tu pareja en la mayoría de las cosas, no en todo, pero si en la mayoría las cosas van a ir hacia el fracaso y el sufrimiento y es ahí donde tendrás tu respuesta si debes abandonar a tu pareja o aun hay esperanza.

16. *Tips* para durar para siempre con tu pareja: primer punto, dejar de poner como prioridad a tus propios hijos y poner a tu pareja como prioridad y la gente dirá "¿cómo mi pareja puede estar encima de mis propios hijos?", pues es muy simple, ¡si la cabeza está mal lo demás va a estar mal! ¿cómo quieres tener hijos exitosos felices, comprensivos, amorosos si con tu pareja no lo eres?. El amor hacia tu pareja debe ser tan grande como el amor a ti mismo y por sobre todas las cosas.

Segundo punto, yo estoy para ti y tú estás para mí, ¿qué se siente cuando una persona te es infiel?, ¿qué se siente cuando alguien te traiciona?, así es como se destruye la gran mayoría de las parejas, todos lo hemos vivido o visto y la gran mayoría hemos destruido una relación por esta razón y por desgracia así es, hay que ser sinceros, cuando tú eres fiel esa relación puede durar hasta que se acaben tus días.

17. El sexo es lo que te hace sentir emocionado, que te hace tener ese éxtasis orgásmico que te

levanta y te hace ver estrellitas por todos lados, eso es lo que sentimos con nuestra pareja en los primeros meses o hasta el primer año, sentimos esa pasión ese deseo desgarrador. Si dejamos de ser innovadores en la relación sexual con nuestra pareja nuestro instinto intentará buscar esa morfina, esa adicción esa sensación que te hace bañarte en éxtasis Y si no lo encuentras con tu pareja lo buscarás en otra persona. Entonces hay que tratar siempre de tener saciada a tu pareja sexualmente, si te fue infiel una de las razones puede ser la sexualidad.

18. El secreto para tener una buena relación de pareja es más simple de lo que crees. Solamente debes tener muy buenas citas; es decir, que tu primera cita sea inolvidable y que las siguientes citas sean creativas e innovadoras así que ¡ponte loco al inventarlas!.

19. Tres cualidades que las mujeres buscan en un hombre son: número uno, que la presuma, número dos, que la proteja y número tres, que esté siempre con ella.

20. Tres cualidades que un hombre busca en una mujer son: la primera que sea sexy pero fiel.

    La segunda, que lo haga un campeón y valiente y la tercera, que no se la haga de pedo.

21. Tres *tips* para gustarle a alguien primero: no te veas desesperado, segundo *tip*, que te vea que eres importante, siempre abandona tu primero

la conversación y tercero, antes de enamorarte de esa persona enamórate de ti. Recuerda que antes de que te guste alguien debes quererte a ti mismo.

22. Bastó con que me sonrieras para darme cuenta de que cada vez que te veo me muero por besarte.

23. ¿Qué es lo más hermoso de este mundo? Sin duda lo más hermoso es la mujer.

24. Cómo saber si de verdad te quiere. Querer en realidad es acción, no solamente decirlo mucha gente te puede decir que te quiere, pero realmente tú lo ves en cómo te trata, como se porta contigo.

25. *3 tips* para conquistar a una persona durante el Coronavirus. Punto número uno: préstale mucha atención a cómo está esa persona, mándale mensajes constantemente, ¿cómo está su familia? ¿Se la está pasando bien? o si necesita algo. Número dos, hacer video llamadas en estos momentos en los que estamos encerrados en nuestra casa para evitar la propagación del virus. Necesitas hacer sentir a esa persona tu cercanía y hacerla sentir acompañada. Punto número tres, hagan planes a futuro, mira, cuando termine el coronavirus prométele que van a ir a la playa, prométele que van a hacer un picnic, que van a ir al cine, pero promete cosas a futuro que hagan este

proceso más llevadero y así seguramente vas a conquistar un poco más a esa persona.

26. Si tu novio va por la calle y se queda viendo a otras chicas significa que... que tu novio es un coqueto.

27. Cuando alguien se enamora es algo impresionante, andas en las nubes, sientes mariposas en el estómago, es algo súper chingón.

   No puedes esperar a verla, llevarla al cine, tomarla de la mano, darle el primer beso ni darle las palomitas en la boca. Es una experiencia única y muy hermosa, aunque después en muchas ocasiones se convierte en algo terrible o en una pesadilla.

28. Tres *tips* para hacer que te extrañe: *Tip* número uno, cómprale un artículo que siempre que toque, vea o se lo ponga te tenga que recordar, por ejemplo una cartera, un perfume, una chamarra para que cada vez que la use o vea te recuerde. *Tip* número dos, dale tiempo para que te extrañe. No estés todo el tiempo encima con mensajes, *emojis* o estarlo o *estarla* molestando todo el día porque entonces ya no eres importante y nos gustan las personas que se hacen ver importantes; recuerda lo más importante es tu tiempo. No des todo desde el principio si no ya no te va a extrañar. *Tip* número tres, tengan una canción que los identifique, incluso a veces hay parejas

que duran poco tiempo, pero al pasar los años y al escuchar esa canción vuelven a acordarse de ese amor. Así que tengan una canción porque cada vez que la escuche te va a extrañar muchísimo.

29. *Tips* para tu primera cita: *Tip* número uno, sé puntual, ¡como molesta una persona que es impuntual!, pero si la otra persona llega tarde no digas nada continúa con la cita normal. Número dos, llega limpio, arreglado, pero no mucho ni poco, trata de encontrar un punto medio.

   Algo muy importante: ponte un buen perfume, pero también sin exagerar. Número tres, trata de ser tú mismo o tú misma.

30. Si se hace mucho del rogar significa que... o está jugando o quiere algo muy serio contigo.

31. Si alguien te quiere de verdad significa qué... hará todo lo que este en sus manos para verte feliz.

32. Tres *tips* para que se acuerde de ti: Número uno, siempre tienes que ser el primero o la primera en darle los buenos días. Número dos, haz como que olvidas algo en su casa o en su lugar de trabajo ahí se acordará de ti y número tres, hazle el amor como nadie se lo haya hecho te aseguro que así siempre se va a acordar de ti.

33. Tres *tips* para seducir a una mujer: Número uno, dale un beso cuando menos se lo espere.

Número dos, háblale bonito al oído y tip número tres, siempre dale su lugar ante las demás personas.

34. *Tips* para saber si eres celoso: Número uno, te caga que tenga amigos o amigas. Número dos, si eres hombre no aguantas que tenga hombres agregados en sus redes sociales y si eres mujer obviamente no aguantas que tenga mujeres agregadas en sus redes sociales. Número tres, no te gusta que saque el celular y esté escribiendo porque ya estás pensando que está hablando con otra persona.

35. Tres *tips* para conquistarlo: Número uno, interésate mucho por sus problemas, por lo que está viviendo en ese momento. Muy pocas mujeres y te lo digo de verdad, muy pocas mujeres se interesan por lo que le está pasando a un hombre.

    Número dos, arréglate bonita, sé sexy, coqueta, pero ojo, si vas a ser coqueta que solamente sea con él. Número tres, déjalo en visto, así como escuchaste déjalo en visto o déjale de escribir por uno o dos días; eso a un hombre como cazador nos gusta mucho. Nos gusta cazar a nuestra presa.

36. Si cuentas las horas para verlo significa que... te gusta mucho y ya valiste madres.

37. Si de repente te sientes más feliz de lo habitual significa que... que te estás enamorando. ¡cabrón!

38. Tres *tips* para saber si te quiere: Número uno, jamás olvida una fecha especial. Número dos, siempre está para ti sobre todo en tus momentos difíciles. Número tres, cuando lo abrazas sientes como le late ese corazón más rápido.

39. Tres *tips* para derretir a un hombre: Primero, de la nada mándale unas fotos sensuales. Número dos, dale besitos en el cuello y déjale de repente por ahí un beso. Número tres, siempre déjalo con ganas de algo más.

40. Tres *tips* para tener una buena relación de pareja: Número uno, tengan excelente comunicación, digan todo lo que deban decir, aunque duela. Número dos, tengan confianza, y número tres, tengan excelente sexo.

41. Los tres amores que tendrás en tu vida: el primero aquel que conoces y todo lo convierte en magia, con ese amor pierdes incluso tu inocencia creando un amor real y hermoso. El segundo es el más trágico es aquel que te rompe el corazón pero que también te hará más fuerte y sabia o sabio. El tercero después de qué te rompen el corazón que sientes que nunca más vas a volver a amar, entonces encuentras a una persona que tal vez no sea igual que el segundo porque no tiene toda esa toxicidad; pero tiene amor verdadero para ti. Ese amor es con el que tú vas a quedarte.

42. Si tu novio te dice que le mandes fotos atrevidas significa que... que está triste y quiere que le levantes el ánimo y algo más.

43. Tres cosas físicas que amamos los hombres de las mujeres: Una de ellas es que tengan unos ojos pizpiretos, número dos, unos labios sensuales y número tres, que tengan las pompas paraditas.

44. Si el chico o la chica que te gusta te contesta los mensajes de WhatsApp muy rápido significa que... esa chica o ese chico quiere todo contigo.

45. Si le preguntas a dónde quiere ir a cenar, pero te contesta que "a donde tú quieras" significa que... que quiere saber si adivinas y conoce tus gustos.

46. Si tu novio te hace una rica cena, con un rico vino, música romántica y velas significa que... definitivamente te ama mucho y podría ser el indicado.

47. Si está totalmente feo, menso y te trata mal y aun así no lo dejas, significa que... significa que de verdad lo amas o te hacen falta unos lentes y muchas agallas.

48. Tres *tips* para conquistar a tu *Crush*: Número uno, no lo veas como un dios inalcanzable, porque no lo vas a lograr. Número dos, se atrevida, búscalo y háblale. Número tres, espera el momento de debilidad donde a lo mejor ande triste, borracho ahí llégale y lo vas a lograr.

49. Si se aman a distancia significa que… su amor es más fuerte que todo, valórense.

50. Tres *tips* para que alguien te diga que sí: Tip número uno, pregúntale si quiere ser tu novio o tu novia. Ojo, pero cuando le preguntes debes estar dispuesto o dispuesta a cualquier respuesta. Número dos, si llegara a decir que no, dale su tiempo su espacio y lo vuelves a intentar en un tiempo. Número tres, haz algo muy importante para esa persona algo que le haga admirarte.

51. Si manda mensajes a cada rato significa que… que podría estar obsesionada u obsesionado contigo ¡Ten cuidado!

52. Hay una forma de dominar a un "Fuckboy" y esa forma es que tú seas más cabrona.

53. Si la ex de tu novio, es más guapa que tú, significa que… que tú eres más chingona porque aun así se quedó contigo.

54. Si no aguantas que tu novio tenga amigas significa que… eres muy celosa o desconfiada.

55. Si te invita a su casa a tomar algo, o ver *Netflix* significa que… que ya no te lo tengo que decir, es obvio lo que quiere así que ya tú decides.

56. Si tu novia está preocupada porque tiene un problema significa que… que no debes por ningún motivo darle un consejo porque se va a

poner como loca; mejor solamente quédate callado, abrázala y compréndela.

57. Si te ve fijamente a los ojos, pero por momentos desvía la mirada significa que... significa que le gustas, pero también se siente un poco nervioso o nerviosa a la vez.

58. Si apenas son dos desconocidos, significa que... que tuvieron muy buena química seguramente pasará algo entre ustedes dos al menos de que uno de los dos se apendeje.

59. Si quieres ser atractiva para un hombre, primero tienes que respetarte a ti misma muchísimo, es decir, no caer ni a la primera ni a la segunda, ni a la tercera vez; porque cuando un hombre tiene algo rápido pues rápido se va.

60. Si no puedes dejar de pensar en una persona significa que... o estás muy enamorado o enamorada o esa persona te ha hecho mucho daño.

61. Si sus pupilas se dilatan cuando te mira significa que... significa que le gustas porque lo has o la has deslumbrado.

62. Si te has enamorado más de una vez significa que... que es algo muy normal, está comprobado científicamente que vas a enamorarte por lo menos siete veces antes de casarte.

63. Si lo que quieres saber es si ese hombre que conociste y te atrae es un buen hombre, es muy

sencillo; fíjate cómo actúa en un restaurante, como trata a los meseros, como trata a los perritos de la calle, como trata a las personas que te limpian el parabrisas, así como los trata te va a tratar a ti.

64. Si ven muchas películas de amor juntos significa que... significa que se están conectando demasiado, cada vez que vemos una película de amor en pareja lo que hacemos es que nuestras propias células y neuronas se conecten a nuestra pareja tratando de repetir esas mismas escenas de amor.

65. Truco para atraer el amor. Si quieres atraer el amor a tu vida utiliza este truco: lo que tienes que hacer es tomar una libreta donde escribas todas las cualidades de la persona que pienses o que quieras que esté en tu vida, cómo quieras que sea, también sus cualidades físicas y basándose en esto saca una fotografía de internet de una persona que se parezca a la que quieres tener en tu vida. Entonces, la vas a ver todas las noches por lo menos 20 minutos imaginando que ya está contigo para atraerla. Tienes que obsesionarte, tienes que volverte loco o loca con este método, tienes que salir en la noche y ver las estrellas y el universo, entregarte a su energía y visualizar que esa persona ya viene a tu vida. En sí, que ya está aquí.

66. Tres señales para saber si es el amor de tu vida: Señal número uno, puedes ser tú mismo o tú

misma porque así te ama y sobre todo tú te sientes con esa libertad. Número dos, cuando estás con esa persona ríes a carcajadas, disfrutas de su compañía y número tres, jamás te acuerdas de tu ex.

67. Si manda mensajes todos los días en la mañana significa que... significa que le interesas demasiado, más de lo que tú crees y que formas parte de sus primeros pensamientos.

68. Si te pone *emojis* de besos y corazones en la conversación significa que... si son de besos y corazones su significado es que le gustas, no sabemos para qué, como le puedes gustar para algo bueno, o tal vez para un rato y siente un deseo muy fuerte por ti.

69. Si siempre ve tu estado de WhatsApp significa que... significa que le gustas, le encantas, y te desea; pero si no te habla, no sé qué onda. Pero de qué le importas le importas.

70. Si ves la fotografía de la persona que te gusta significa que... significa que, si tienes un dolor físico, ese dolor será aliviado. Está comprobado que los dolores físicos que tú tengas, por ejemplo dolor de cabeza o pecho, cuando veas la foto de la persona que te gusta, el dolor se va a reducir en un 44%, algo similar a como si tomaras un paracetamol.

71. Si quieres volverlo loco o loca significa que... significa que te gusta mucho esa persona, pero ten mucho cuidado porque después

conquistamos esa persona, la enamoramos tanto que después para deshacernos de él o de ella va a estar muy cabrón.

72. Si a él o ella les gusta hacerte "chupetones" significa que... significa que es demasiado apasionado o apasionada, le atraes demasiado y se desespera. También puede ser que esté marcando su territorio.

73. Si te escribe todos los días sin falta o sea que ni siquiera el domingo se olvida de escribirte, significa que... significa que eres una persona bastante importante para él o para ella. Siempre piensa en ti, eres parte de su vida así que siéntete muy orgullosa u orgulloso.

74. Si tu pareja te da nalgadas significa que... significa que le gustan mucho tus pompas, pero aparte es como un símbolo de poder, un símbolo de ¿eso querías? pero bonito, medio masoquista pero un masoquismo moderado chingón, padre y divertido.

75. Cuando amas de verdad a tu pareja Ten comprensión, ponte en los zapatos de la otra persona y entiende que su felicidad es tan importante, como la tuya. Cuando tú amas de verdad a tu pareja lo que él sienta es tan importante como lo que tú sientes y cuando comprendes eso entonces podrán vivir, en una comunión inigualable.

76. Si te gusta jugar videojuegos con tu pareja significa que... significa que serán más felices juntos, más abiertos y más amigos.

77. ¿Sabías que cuando ves a la persona que te gusta, tus pupilas se dilatan casi un 45% así que haz la prueba'.

78. Cuando tu novia está enojada contigo dile: mi ex no era así, (síguenos para más consejos tóxicos).

79. Si tu novia se mantiene en silencio, sin importar qué hagas, o digas, pues no te habla significa que... significa que es muy probable que esté totalmente encabronada, molesta. Mejor no le digas nada, está comprobado que muchas de las mujeres expresan su enojo con el silencio, así que calladito te ves más bonito hasta que ella quiera expresar lo que realmente siente.

80. Si tu novio tiene mamitis significa que... significa que siempre van a existir problemas; porque todas las decisiones que él tome no valen a menos que sean aprobadas por su mamita.

81. Si tu pareja te jala el cabello al hacer el amor significa que... es un tipo de dominación, pero bonito; a muchísimas mujeres les gusta que les jalen el cabello, cuando lo están haciendo.

82. Si quieres enamorar a un chico significa que... significa que lo vas a tener que abrazar mucho, mandarle cartitas, mandarle fotos bonitas, pero

sobre todo hacerlo sentir importante, hacerlo sentir que es un campeón.

83. Pronto llegará aquel que te prepare el desayuno mientras duermes, que te abrace cuando estés triste, que te presuma con sus amigos, y que te ame tanto que te vea que eres hermosa hasta cuando estés en pijama.

84. Si tu novia te dice de repente: ¡estoy embarazada! significa que… significa que tengas muchísimo cuidado de cómo vas a reaccionar. La primera reacción del hombre es recordada para toda la vida de ese hijo y tu chica lo va a recordar también siempre. Si tú le dices: ¿qué me estás diciendo? o ¿cómo crees? ¿es una broma verdad?, si le dices todas esas mamadas, siempre te lo va a reprochar en el futuro. Por eso solo di "*wow* amor, que hermoso", ya si al final dice que no era cierto habrás quedado genial con ella.

85. Si tu posición preferida es la de perrito significa que… si eres hombre significa que en el sexo no te gusta tanto mezclar las emociones, sino que te gusta tomarlo más cómo es, solo sexo y si eres mujer significa que te gusta más lo salvaje, perverso e incluso hasta un poquito el masoquismo.

86. Si todos los días sin falta te pregunta cómo estás, significa que… significa que le importas y eres una persona muy valiosa para él.

87. Si tu pareja es muy fría significa que... significa que tú no lo sabes calentar o que en su infancia tuvo mucha falta de amor.

88. En estos momentos hay alguien que te está buscando y cuando te encuentre será maravilloso.

89. Si tu pareja no quiere poner una foto contigo de perfil significa que... significa que tu pareja no quiere que su ganado se entere que tiene pareja.

90. Si tu pareja te ignora significa que... significa que ya no le importas y que lo peor que puedes hacer es seguir ahí, mendigando amor.

91. Si duermen separados, uno de un lado y otro del otro lado en la cama significa que... significa que ya se quieren tanto que no necesitan estar demostrándoselo generalmente pasa con las parejas que ya llevan muchos años.

92. Si le vas a contar a tu pareja actual lo que hacías con tu ex significa que... significa que debes tener mucho cuidado y no le vayas a contar todo; porque si le cuentas todo lo va a usar en tu contra en algún momento. Te lo juramos que lo va a usar en tu contra.

93. Si no te atreves a decirle lo que sientes significa que... significa que tarde o temprano llegará otro que si lo haga y cuando suceda te arrepentirás.

94. Si te desvelas mucho platicando con la persona que te gusta significa que… significa que están enamorados. ¡Hay Tortolitos!

95. Si después de cuatro meses la persona que te encanta aún te sigue encantando significa que… significa que efectivamente ya estás flechada, ahora sí que estás enamorada.

96. Si tu pareja te cela mucho significa que… significa que no te ama tanto como dice, porque no te da comprensión ni libertad, e incluso tal vez significa que él o ella es la persona infiel. Acuérdate el león cree que todos son de su condición.

97. Si tu pareja te engañó significa que… significa que no fue por alguien mejor, fue por alguien más fácil.

98. Si quieres que tu relación dure significa que… significa que, más que decir te amo, te quiero, te extraño tendrás que demostrárselo; acuérdate que las palabras se las lleva el viento, pero los actos perduran en el corazón.

99. Si le encuentras un condón a tu novio significa que… significa que es una persona que le gusta protegerse, es alguien consciente que no quiere pasarte ninguna enfermedad.

100. Si tu novio ya no te escribe como antes significa que… significa que ya te ha reemplazado por otra persona, pues ya no le interesas.

101. Si a tu novio le gusta hacerte chupetones en los pechos significa que... significa que está marcando su territorio.

102. Si tienes una relación a distancia donde solamente se ven una vez al año significa que... significa que en realidad no basta, no es lo ideal de una pareja feliz, te estás perdiendo de ver una película con unas palomitas abrazados, orar juntos, pasear por el parque de la mano con esa persona, te estás perdiendo cuando estés dolida o dolido o tengas un problema esa persona venga corriendo a verte y te abrace. Estás perdiendo lo importante de una relación y no tiene sentido.

103. Si ya no sientes deseo con tu pareja significa que... significa que ya han caído en la monotonía, se ha perdido todo ese deseo, la emoción y la relación va directo al fracaso. *Siempre va a sufrir menos la persona que deje ir primero al otro.*

104. Si tu pareja ya tiene más de seis meses que no baila contigo significa que... significa que por desgracia se están perdiendo la diversión y el encanto que conlleva tener una pareja.

Lo importante de bailar, disfrutar, excitarse, conquistarse, se están perdiendo de todo eso y si no haces nada al respecto; la relación va directo al fracaso.

105. Si tu pareja ya no te hace cenas románticas significa que... significa que se acabó el encanto,

o que ya le hace cenas románticas a otra persona.

106. Si ya no quieres a tu pareja, ya no quieres estar con él o con ella, ya no lo disfrutas, ya lo aborreces, pero aun así no puedes dejarlo, significa que... significa que te has convertido en su perrito o perrita, significa que es tu señor, es tu amo, es como aquel perrito al que maltratamos y golpeamos una y otra vez y después lo corremos de la casa y aun así no se va, prefiere estar ahí por las migajas de amor. Así eres tú, ya tienes un problema emocional muy serio y necesitas ayuda profesional, busca contactarnos y tener una video-llamada con nosotros.

107. Si tu pareja revisa tu celular significa que... significa que definitivamente ya no confía en ti, ya te ha cachado cosas antes y por eso lo hace.

O también puede ser que tu pareja es infiel y cree que tú también puedes llegar a serlo, por eso lo revisa.

108. Si te estás enamorando mucho de alguien significa que... significa que, te estás haciendo muchísimas ilusiones, creando muchas cosas en tu cabeza, pero ten cuidado llévatelo con más calma y más relajado sin creer todo lo que te dice.

109. Si hacías mucho el amor con tu pareja y ahora ya no lo hacen significa que... significa que han caído en la monotonía, han dejado de innovar,

dejado de ver lo que antes les apasionaba del otro, porque ahora ven solo lo que les caga del otro y están destinados al fracaso como pareja si siguen así.

110. Si te dice me alegras mi día, significa que... significa que esa persona te quiere mucho, eres parte fundamental de su estado de ánimo y además quiere tenerte cerca de su vida.

111. Si piensas dejar a tu pareja haz esto: en lugar de tanto odio tanto rencor, mejor por qué no se dan una noche de pasión y de locura. La última noche y después de esa noche los dos a chingar a su madre.

112. Si se besaron sin ser novios significa que... significa que seguramente ambos se gustaban demasiado, pero ninguno se había atrevido a decírselo al otro, hasta después del evento.

113. Si una persona siempre te está molestando significa que... significa que le gustas, pero no sabe cómo demostrártelo.

114. No importa si tienes 15, 20, 30, 40, o 60 años: aún así, Dios tiene un plan perfecto diseñado para ti; porque Dios no se equivoca. Dios a todos nos ama solamente tienes que creerlo.

115. Si tu novia está bien buena, bien sabrosa significa que... significa que estás destinado a que, en la calle, en el cine, en su escuela, en el Internet, en Facebook y en todos lados; un chingo de hombres estén chingando, muchos

feos, muchos medios, pero también muchos guapos y de buen nivel, así que, si tienes una reliquia como ella y además te ama entonces cuídala mucho.

116. Si ya quieres ser realmente fiel significa que… significa que si tú quieres ser fiel, tienes que tomar una decisión en tu mente:

La fidelidad es una decisión que se toma desde antes que andes con alguien. Una vez que te enamoras de alguien tomas la decisión de ser fiel y aunque se te ponga Jennifer López desnuda, ni así caes porque has tomado una decisión. Esto requiere mucha madurez y estar en un punto de tu vida, en el que de verdad quieras entregarte a una persona.

117. Si tu novia te dice: ya dime la verdad significa que… significa que ya sabe la verdad.

118. Si tu hombre te dice te mirabas preciosa ayer significa que… significa que le encantas, le fascinas, que quiere todo contigo.

119. Si de verdad la amas haz esto, embarázala.

120. Si tu novio y tú se ven a diario significa que … puede significar tres cosas: número uno, que se aman demasiado y siempre quieren estar recibiendo amor. Número dos, que son muy posesivos ambos por eso quieren estar protegiéndose el uno al otro y punto número tres, que muy pronto ella va a quedar embarazada.

121. Si tu mujer te dice *te amo* significa que inmediatamente tienes que decirle yo te amo más, porque si no lo haces pobre de ti.

122. Si tu novio siempre te agarra de la mano significa que te respeta, valora y quiere que los demás vean que eres de él.

DESAMOR E INFIDELIDAD

Cuántas interrogantes en nuestra cabeza nos llenan de angustia, tristeza y desesperación provocando días intranquilos y noches de insomnio. Saber si de verdad nos están engañando o no, si nos han mentido o no, e incluso llegar a descubrir una infidelidad de nuestra pareja nos puede llegar a destruir la vida.

En esta sección aclararemos de manera fácil y concisa muchas de esas interrogantes para que puedas determinar qué es lo que harás a partir de las mismas.

123. Si te duele demasiado la separación significa que... si amaste de verdad y entregaste lo mejor de ti.

124. Si no puedes odiar a esa persona a pesar del dolor que te causo significa que... que, sí la amaste de verdad, pero también te puede pasar lo mismo que a la taza de chocolate. Imagínate una taza de chocolate que sabe deliciosa pero cuando el chocolate se termina la taza queda manchada con residuos. Si tú dejas esos residuos en la taza, tarde o temprano, se van a pudrir y a causar un mal olor.

En la misma manera, eso pasa cuando nos quedamos con el dolor de una relación, que al principio fue rica y dulce, pero si guardas los residuos en tu corazón al igual que en la taza; vas a vivir con el corazón podrido.

125. Si te duele mucho su traición significa que... sí amaste de verdad. Además, entregaste lo mejor de ti, por eso te duele, porque le entregaste tu esencia, tu alma, sabes que confiaste tanto en él o ella que, pusiste las manos al fuego, cuando esa persona solamente te traiciono. Sin embargo, siempre hay algo positivo, aprendiste a sacar lo mejor de ti y eso no cualquiera lo aprende. En sí, lo más importante es que te atreviste a vivir y eso casi ninguna persona se atreve a hacerlo.

126. Lo que nosotros vemos son mujeres bellas, hermosas, luchadoras y chingonas, pero la

mayoría la pasa llorando por un desamor. Lo que todos notan es que la mayoría de ustedes tienen mucho por lo que vivir, pero se pasan las noches llorando por un amor que ya se fue para siempre. Este amor ya no te quiere en su vida, solo tiene indiferencia hacia ti.

127. Deja de sufrir por un amor que te dejo ir, no te tortures, ni te cuestiones, porque si te pasó fue por algo y para algo.

128. Tu estúpido miedo evitará que te permitas la oportunidad de conocer a alguien. Ese alguien pudo haber sido algo increíble en tu vida, pero a veces estamos muy traumados por nuestras anteriores parejas o relaciones que nos dejaron un mal sabor de boca. Eso hace que tengamos una barrera para conocer a nuevas personas en nuestra vida y esa barrera es tan fuerte que a veces rechazamos la oportunidad tan extraordinaria de volver a amar.

129. Hubo alguien que te lanzó a un pozo vacío y oscuro, pero así llegará alguien que te aviente una soga y te salve.

130. Si te duele mucho su ausencia significa que... sí amaste de verdad y entregaste lo mejor de ti.

131. Qué caso tiene rogar, o perseguir a una persona que, ya no quiere estar contigo, ¿por qué no simplemente tienes dignidad y sigues adelante?.

132. Si me dieran a elegir entre vivir con una persona que ya no me ama o vivir en eterna soledad. Preferiría una y mil veces vivir en eterna soledad, porque ¡más vale solo que mal acompañado!

133. El amor es como un cactus. ¡Mira cómo está rodeado de espinas! Hay que tener muchos pantalones, hoy en día, para meterse y enamorarse de una persona. Si entras con cuidado a este cactus, evitarás las espinas y obtendrás todo el amor del mundo. Sin embargo, si no tienes cuidado puedes espinarte y dolerá mucho. Recuerda: ¡si no quieres la espina no podrá aceptar la rosa!

134. Si te hicieron daño, no mandes malos deseos; es mejor mandarle bendiciones. Seguramente, su corazón está tan destruido, corrompido y lleno de maldad que necesita urgentemente bendiciones en su vida. También puede ser que sufrió mucho daño cuando era niña o niño e inconscientemente buscan desquitar ese daño con sus parejas actuales. Tal vez, tú fuiste una víctima de esta situación, sin querer, así que no juzgues y al contrario mándale bendiciones, porque lo más importante es que ya se fue de tu vida y eres libre.

135. Si no te ama ¡por favor! No estés rogando, y no te humilles, ya que el amor no se suplica, ni se obliga, sólo se da y punto.

136. Si simplemente te dejó significa que... ya no te ama, ya no siente nada por ti, o tal vez, ya conoció a otra persona.

137. Si por más llamadas que hagas no te contesta es muy obvio, significa que... ya no le interesas. Ten dignidad y mejor la próxima vez sé tú quien cuelga el teléfono ¡entendido!

138. Todo lo que aprendió contigo en la cama; hoy otra persona lo está disfrutando.

139. ¿Por qué duele tanto una ruptura amorosa? Es porque el cerebro se hace adicto al amor. Las personas se convierten en adictos a las drogas o a otros vicios como el alcohol; de la misma forma el cerebro se vuelve adicto al amor. Entonces, ¿qué pasa cuando se quiere dejar una adicción?, pues te vuelve loco, te desespera, y lo mismo sucede cuando terminamos una relación.

140. ¿Por qué dedicarle tus desvelos a quien no le importan tus amaneceres?

141. Siempre búscale un sentido a tu dolor, porque siempre hay algo positivo.

142. ¡Mira! Las cosas siempre pasan por algo y para algo mejor; probablemente hay algo que puedes encontrar que, se puede convertir en tu fortaleza. Esto será tu razón para levantarte todas las mañanas y dar lo mejor de ti. ¡Cierra tus ojos! Despídete de esa persona que se fue y sigue adelante con una sonrisa.

143. En ocasiones un desamor nos deja todos revueltos y lo que debemos hacer es ir colocando cada pieza en su lugar correcto. Un día a la vez y de a poco porque, así comenzaremos a sanar las heridas, el corazón, ya que cada pieza puede ser algo positivo que hacemos en nuestra vida, por ejemplo: una pieza puede ser un video para avanzar de los hermanos Pancardo, otra pieza sería una visita con un profesional que te ayude, otra pieza puede ser asistir a uno de los eventos de los hermanos Pancardo, otra es salir con tus amigos o con otra persona. Cuando obtenga todas las piezas en su lugar, entonces podrás abrir tu corazón y conocer a otra persona o varias.

144. No mires hacia atrás porque lo que ha pasado se debe quedar atrás. No importa si te hicieron daño, si te causaron dolor o te traicionaron, eso ha quedado atrás, porque al mirar hacia atrás solo te lastimas, y no avanzas. Recuerda lo que dice la Biblia, si miras así atrás te convertirás en una estatua de sal y quedarás ahí plasmado sin poder moverte o ser feliz.

145. Deja de buscar a tu pareja todo el tiempo, porque la verdad ya te ves mal. Tu pareja nota tu desesperación y esto lo está alejando, tal vez antes estaba interesado en ti y quería tener algo contigo, pero al verte tan desesperado o desesperada se quiere ir. Es decir, nos comportamos como ese conejo que persigue la

zanahoria, pero al final nunca la atrapa, solo queda un conejo exhausto.

146. Tienes que entender que no vale la pena estar triste por alguien que en este momento está feliz con alguien más.

147. Me bloqueas y me desbloqueas, esto sin duda es una lucha interminable. Entonces te digo algo que no te gusta, y te enojas; luego me dices algo que no me gusta y me enojo, grito y me gritas, te empujo y me empujas, y me agredes entonces te agredo. Entonces, ¿porque estamos juntos?

148. Piensa en alguien que te hizo daño rápidamente...Si la respuesta fue tu ex, seguro le atinamos, también pudo ser tu padre o tu madre.

149. No eres la única persona que ha sufrido por amor. En este momento, hay miles de personas llorando por desamor o depresión y al igual que tú no se lo merecen. ¡Detente un momento y observa!

La vida no es justa y muy pocas veces OBTIENES lo que realmente mereces. Sinceramente de nada ayudaría decirte que eres un guerrero o guerrera, que eres valiente, y por el solo hecho de ser un buen hombre o mujer mereces a la pareja perfecta; porque eso a veces solo llena el ego y no te ayuda. La realidad es muy simple, lo que haz estado sufriendo por amor es parte de la vida y si no quieres sufrirlo, pues no te vuelvas a enamorar. Aunque algo debe quedar claro y es que, a pesar del dolor el amor siempre vale la pena.

150. Si vas a amar a alguien, ámalo con todo, y no andes dando ilusiones falsas.

151. Un sabio dijo "Jamás en tu vida le ruegues a nadie porque, nadie merece sentirse tan importante".

152. Mejor deja que se vaya, no lo detengas, y deja brotar tus lágrimas y que aflore el dolor. Entonces, cuando estés nuevamente feliz ¡por favor!, no se te ocurra volver con esa persona. No hay culpables simplemente se trata de aceptar que la pasión y el deseo son difuminados por la rutina. Si solo tengo 80 años de vida por qué pasarlos con alguien que no me quiere o alguien a quien yo no quiero. Es momento de atreverse a soltar ese carbón encendido, que quema, carcome y no nos deja vivir; es momento de atreverse y cruzar ese camino de espinas, lleno de dolor y sanación. Después del suplicio llegarán nuevas experiencias a tu vida llegará una persona ideal, una nueva ilusión y entonces tu vida comenzará de nuevo.

153. Dios nunca va a dejarte solo y mucho menos cuando estés triste. Si tú tienes fe, paciencia y das amor al mundo; seguramente en algún momento te lo va a regresar. Solo es cuestión de

esperar, así que sé paciente y regálale una nueva oportunidad a tu vida.

154. Una persona fuerte no perdona dos veces, y no le importa cuánto amor sienta por esa persona o el tiempo que hayan pasado juntos o las experiencias que sostienen aquella historia, porque cuando llega el dolor, traición y duros golpes para su alma, el perdón no es una opción.

155. No te ama entiéndelo; ya solo te escribe cuando quiere, te deja en visto y busca solo cuando quiere. Además, ya te ha sido infiel y aunque te dice que te ama y que va a cambiar por el bien de los dos, de la relación, por sus hijos, sigue cometiendo los mismos errores. Esos errores que ya le has perdonado más de cinco veces porque sientes que él es el amor de tu vida, que jamás vas a encontrar a nadie solo porque sientes una conexión única. La realidad es que tú eres la única que siente eso. ¿Hasta cuándo lo vas a entender?

156. Hay personas que están ahí, cerca de ti, te escriben constantemente, están al pendiente, te quieren, pero tú no les das la oportunidad porque a veces prefieres estar con alguien que no te quiere. ¡Por favor! Deja de dedicarle tus desvelos a quien no le importa tus amaneceres.

157. Un hombre al ser traicionado por su mujer; siente que perdió su virilidad, se siente traicionado, que perdió su ego y su fuerza, te lo

decimos nosotros como hombres. Comienza un sentimiento de odio, rencor, ira hacia su mujer porque ha sido tomada, amada sexualmente por otro hombre y este sentimiento puede atraer consecuencias fatales. Los sentimientos de ira, rencor y de mucha desconfianza hacen que la relación se termine. ¡Mujeres! si realmente aman a su hombre no lo engañen mejor déjenlo antes de engañarlo; porque dejarlo duele diez veces menos que engañarlo.

158. Déjalo o déjala, que se vaya porque ya cumplió su ciclo en tu vida. Debes cerrar el ciclo para que dejes llegar algo nuevo que tenga que llegar. Acuérdate que en la vida todo tiene su tiempo, ese timing que será perfecto para crear cosas maravillosas. Solo recuerda que el tiempo de Dios es perfecto, y aunque muchas veces queramos acelerar el tiempo esto no es posible. Tal vez quieras conocer a tu pareja ideal el día de hoy, pero no lo vas a encontrar porque no es el timing ideal. Por eso tantas relaciones fallidas por no ser el momento ideal; por eso te mintieron, te engañaron y pelean porque no era su momento. Solo confía en Dios y el tiempo ideal llegará.

159. Si no encuentras a esa persona que te haga feliz significa que... debes dejar de esperar a alguien que te haga feliz, porque mientras más lo esperas, menos llega. Lo que no entendemos es que, para que llegue esa persona, debes hacerte feliz a ti mismo primero. Piensa que la gente infeliz atrae a la gente vacía e infeliz, que al

igual que tú necesita llenar su vacío interior. Recuerda que tú atraes lo que eres.

160. ¿Quién fue quien realmente asesinó su relación?, ¿quién mató el amor y la belleza de la relación?, ¿quién arrancó cada pétalo que, hacia florecer nuestro amor?, ¿quién crees que fue? Aquí hay dos asesinos: uno es el del amor y el otro el de la pareja. El asesino de la pareja es el que más empeño le puso, por eso debes tener cuidado. Hay que tener mucho cuidado, porque tal vez el asesino fuiste tú por dar más de lo que debías. El amor para que funcione debe estar bien balanceado; es decir: tú me ayudas entonces yo te ayudo, o tú me das y te doy.

161. Siempre hay amores en secreto y eternos. ¿Sabías que, hay personas que tienen un amante hasta el final de sus días?. A pesar de tener otra familia; estos amantes se aman, se quieren y aunque les duele cuando les dicen casi a diario: "esto está muy mal, no debería de suceder". La pasión, el deseo, el amor es tan grande que, puede romper cualquier esquema que hace que luchen por un imposible y en contra de cualquier paradigma. El amor prohibido es tan poderoso que, no importan las jerarquías sociales, la moralidad con tal de seguir viviendo ese deseo incontrolable. ¿Tener un amante puede ser algo bueno o malo? No lo sabemos, pero hay gente que tiene un amante hasta el final de sus días y se aman en total secreto.

162. Tú te mereces un amor que te apapache cuando estés triste, te prepare tecito cuando te sientas enferma, que te diga "no estás sola", cuando nadie comprenda; que cuando te desveles se mantenga conectado en línea hasta que te gane el sueño, que te dé un detalle cuando menos los esperes, que te haga olvidar tus problemas con una linda platica acompañada de un buen café y que se divierta contigo en las fiestas sin importar lo que digan, pero también que te dé un besito en la mejilla cuando aún estés dormida. Además, que te despierte con tu desayuno preferido, pero sobre todo alguien que te abrace y al oído te diga que estará contigo hasta su último aliento.

163. Si escuchas "La Tuza" significa que... para matar "La Tuza" la tristeza, quiere salir y olvidarse del ex, pero cuando le ponen la canción y se acuerda del ex; vuelve a llorar y le llama otra vez, esto es algo que no deberías hacer. Si ya dejaste a tu ex, aunque llores patalees y te revuelques no le vuelvas a marcar. Nunca mendigues amor porque nadie merece tus lágrimas y nadie merece tratarte como una persona que no vale nada. Acuérdate tú vales mucho, y hay mucha gente que te puede valorar aprende de la "Tuza."

164. ¿A cuántas personas les ha pasado que bloquean a alguien? Y lo hacen porque no quieren saber nada de ella, porque se quieren alejar, quieren avanzar, continuar con su vida, pero a las dos horas, o al otro día lo o la

desbloqueas, para saber ¿Qué está haciendo? para mirar sus estados. Mira la verdad es que nada más quedas en vergüenza deja de estar bloqueando a alguien que sabes que vas a desbloquear.

165. Si te encuentras a tu ex y ya no sientes nada significa que... por fin lo superaste.

166. Si no fue en tu año no te hace daño; como nos han comentado esto, manada, en las redes sociales. Esto es totalmente verdad porque como molesta que un ex se esté metiendo en tu vida, si ya se dejaron, ya no tienen nada juntos, cuando incluso fue esa persona la que te terminó, pero ahí está estoqueándote. Ahí está tu ex diciendo

"Ya te vi que estás saliendo con cierta persona, que nunca vas a cambiar, que siempre serás el o la misma".

Qué te parece si ya dejamos de chingar, o dejamos de estar chingando la madre. Si esa persona ya cerró un ciclo contigo ¿por qué no dejarla en paz?. Si de verdad amaste a esa persona, si de verdad la quisiste, ¿por qué no mejor quedarse con lo bueno y dejar de desequilibrar a esa persona emocionalmente?.

167. El día que puedas decir desde tu corazón: "ya me tienes hasta la madre" entonces la o lo soltaras para siempre.

168. Que se vaya quien se tenga que ir, porque ya estuvo bueno de estarle rogando a la pinche gente, esperando que se queden. Incluso dejando de hacer lo que a ti te gusta, para que todos los demás estén felices. Cabrón, ¡como te gusta mendigar amor!, ¡como te gusta ser la cobija donde las personas se limpian los pies y ni siquiera valoran la boleada!. Si quieres seguir así adelante, sigue mendigando amor; sé cómo esa persona que está ahí tirada en el piso y que nadie la pela y que los pocos que la pelan es porque les da lástima. Quieres darle lástima a la gente, sigue así ¡Vas muy bien!

169. Dejar que un pendejo te haga pendeja, solamente te hace más pendeja que a ese pendejo.

170. Sufres porque quieres y le lloras porque quieres, porque gente que te quiere hay un chingo.

171. No te ilusiones demasiado, sólo vive el momento; porque andar construyendo castillos sin fundamentos sobre nubes, simplemente te dejará llorando.

172. Si te engañó una vez, te lo volverá hacer; dejemos de ser necios, de tropezar con la misma piedra, porque si ya te pasó una vez significa que, te va a seguir pasando.

173. Es probable que te siga engañando ahora que lo perdonaste; es momento de poner todo esto en una balanza y decidir si seguir o no con esa

persona. Entonces vas a aguantar todo como es, pero si todo el tiempo te estás quejando, por los engaños, mentiras que te está diciendo, entonces tienes que atreverte a dejarlo o dejarla, para no tropezar con la misma piedra y aprender de esa experiencia y seguir adelante.

174. ¿Cómo olvidar a alguien, avanzar, y ser feliz? Está comprobado científicamente que mientras más tiempo dures con una pareja, se crean más interconexiones en el cerebro. Así que más te va a costar trabajo avanzar, eso es una realidad y te lo tenemos que decir. Sin embargo, cada vez que tú lloras, gritas, golpeas algo, ayudas a sacar ese dolor; estás acciones desintoxican tu cuerpo. Es por eso por lo que debes gritar, llorar y golpear objetos, porque eso ayudará a desintoxicarte de ese dolor. Entonces no te van a quedar lágrimas y entonces vas a poder avanzar.

175. ¡De verdad como quisiera regresar contigo y volver a vivir todos esos momentos! Hoy es 14 de febrero y estoy muy triste, ¿te acuerdas de esos abrazos? ¿te acuerdas de ese viaje que planeamos y que vivimos con tanto cariño, con tanto amor? ¿esa cena romántica que terminó en discusión y al final terminó con pasión? Hoy lo único que veo son parejas felices en las calles, es día del amor y tú no estás conmigo; ¡como quisiera retroceder el tiempo!, pero no puedo y no se puede y tú y yo sabemos que no se puede, que sólo nos hacemos daño estando juntos, pero si algo hemos aprendido es que hay que

avanzar. Hoy me quedaré en mi casa, comiendo algo que me guste, viendo una película que con suerte algún día veré contigo. Pero esta vez lo haré solo.

176. ¿Por Qué extraño tanto a mi ex? Porque conservas recuerdos, pero no solamente en tu mente, sino en todo tu cuerpo que está repleto de memorias, está repleto de besos que quedan grabados en tu subconsciente, que te van a provocar un sufrimiento terrible y no te sientas, mal no te sientes para nada mal, si te duele si todo el tiempo, te la pasas llorando, si solamente quieres comer y comer y comer, si no puedes dormir o si duermes demasiado, cada cuerpo reacciona diferente a una ruptura amorosa, no te sientas mal. Es parte de este duelo que tienes que vivir, porque realmente es un duelo es como cuando alguien muere.

177. ¿Qué hacer si un hombre se aleja? Primero deja de evaluar tantos motivos, porque generalmente cuando alguien se aleja lo primero que hacemos es suponer muchas cosas y empezar a pensar en un montón de babosadas que solamente lo único que van a causar es que te sientas mal, que te sientas triste y a veces hasta que caigas en una depresión. Al final está comprobado que en el 90% de las ocasiones te dejó porque simplemente se acabó el desmadre y se fue el amor, ya no te quiere. Ya deja de hacerte tantas lagunas mentales que solamente te provocan dolor en tu corazón

178. ¡Estoy hasta la madre ya de tantos problemas de tantos pleitos contigo! yo hoy me voy para la rumba y tú para la tumba. Así debe de ser, ¿por qué estar chillando por alguien que no te valoro? ¿para qué estarse desvelando por alguien a quien no le importan tus amaneceres? ¡vamos a echar desmadre y disfrutar la vida! que la vida es extremadamente corta como para estar sufriendo por una sola persona cuando hay 7,000 millones de almas.

179. Aferrarte a una basura es lo que te hace vivir en la porquería.

180. Si te deja en visto significa que... ¿qué no es muy obvio? cuando alguien de verdad se interesa por ti, el interés es actuar por la otra persona. El actuar es hacer a esa persona feliz y que sea feliz contigo, cuando una persona te deja en visto en WhatsApp, cuando una persona se olvida de ti por días y solamente responde y reacciona cuando tú le hablas, significa que no le interesas, nosotros creemos que es muy obvio, sólo que muchas veces cuando nos gusta mucho una persona o cuando tenemos demasiado interés omitimos la realidad.

181. Si mi pareja se comporta distante significa que... quiere que lo dejes solo. A veces solamente quiere espacio o de plano ya no te quiere; si ya llevas mucho tiempo preguntándote que tiene, si ya llevas mucho tiempo rogando y suplicándole es momento de qué te alejes.

182. Un sabio dijo: antes de querer curar tu corazón pregúntate si estás dispuesto a renunciar a esas cosas que te enfermaron.

183. Si tu pareja es tóxica significa que en el momento en el que tú le haces caso a esa persona, a su berrinche, te vuelves tóxico o tóxica también y eso está destinado a que tu relación dure como 15 años, cuando tu pareja se ponga de malas sin razón, cuando te la quiere hacer de pedo sin razón, lo único que tienes que hacer es ignorarla.

184. ¿Por qué sufres? un montón de gente se queja de todo, que me pelee con mi pareja, que fracase en este negocio, que no me salieron las cosas, que mi novia me puso el cuerno, que se murió alguien que yo quería, sufres y sufres y sufres, pero al final de todo lo único que importa es vivir la vida bien. Experimentarlo todo es subir y bajar, es triunfar y fracasar y a todo vienes aquí, si no vienes a eso entonces ¿para que vienes a esta vida? Imagínate esta tortura si fueras feliz siempre, sería totalmente aburrida la vida y sin chiste, feliz siempre, siempre estoy feliz. Por ejemplo, sé que si pongo un negocio me va a salir bien, ya sé que si le llegó a esta chava me va a decir que si, ya todo me sale bien, ya sé que nunca mi familia va a morir y si esto pasara, entenderías que ser feliz todo el tiempo es el infierno.

185. ¿Sabías que por cada seis hombres infieles una mujer es infiel?, antes de cada cien matrimonios

había quince divorcios, pero hoy en día, de cada 100 matrimonios hay 40 divorcios.

186. Si vas a rogarle a alguien, que sea a Dios y no a un pendejo o pendeja.

187. Si buscas pareja mejor no busques alguien perfecto o alguien correcto, mejor deja que te encuentre esa persona que, a pesar de sus defectos y a pesar de sus imperfecciones, estará contigo en tus peores momentos te dará ese abrazo de ayuda cuando lo necesites, ese beso en la frente que te hace sentir pleno que te hace sentir plena que te hace sentir grato con la vida, esa persona que siempre va a estar contigo hasta su último aliento, pero primero acuérdate: encuentra la perfección en ti.

188. Quédate con quien te bese el alma, la piel te la puede besar cualquiera.

189. No luches por alguien que no te quiere, luchar por alguien que no te quiere es pelear una batalla en donde no te quieren de soldado, es como andar en camisa en el polo Norte, como querer que Donald Trump sea el mejor amigo de Yalitza, como querer que Dana Paola deje el pop y ahora se dedique a los corridos. Realmente es ilógico manada, realmente es estúpido hacer algo así. Deja de luchar por esas personas que no te quieren; acéptalo, llora, cágate de dolor si quieres, pero después levántate, al día siguiente péinate, ponte guapo, ponte guapa y sigue adelante. Hay que analizar

otra cosa, ¿vale la pena luchar por alguien a quien no le interesas? ¿por alguien que no es capaz de dedicar unas horas para que tú seas feliz?, ¿realmente eso es valorarnos a nosotros mismos? abandona la batalla, tal vez, el mundo diga que eres cobarde pero lo más importante es tu felicidad y tu paz.

190. ¡Como me gustaría revisar el celular de mi pareja!, ¿para qué? si ya sabes lo que vas a encontrar.

191. ¿Qué hacer si te bloquean? no tienes que hacer nada.

192. Hay un virus peor que el coronavirus y ese virus es tu ex.

193. Si tu novio te dice que anoche ya no te contestó porque se quedó dormido, significa que… se fue con sus amigos o tal vez con otra.

194. ¿Regresar con tu ex es bueno o malo? Cómo quisiera regresar contigo, pero no se puede, además, es imposible y tú y yo lo sabemos. No se puede porque sólo nos hacemos daño estando juntos, pero bueno, si algo hemos aprendido es que hay que avanzar.

195. Ya es tiempo de dejar de estar llorando por alguien, ¡ya basta! ¿a poco no puedes levantarte y seguir adelante? miles lo han hecho, ¿tú por qué no? ¿te has dado cuenta de que la única persona que se está dañando, eres tú? ¿por qué estas cargando un peso que no te corresponde?

Recuerda que esa persona te engañó, te hizo daño, que solo es una piedra enorme que vienes cargando, tómala en tus brazos y arrójala.

196. Si tu mejor amiga no estuvo cuando más la necesitabas, entonces no era tu amiga.

197. Te dije que si te ibas no volvieras, no sabes cómo duele haber llegado a decir esto. En ese momento, abriste la puerta y te dije: "si te vas no vuelvas" Ya habían pasado tantas peleas así y siempre regresabas, pero esta vez, esta vez no será igual. Ahora sólo siento que me arrancaron un pedazo de mi alma, siento que mi vida se me va si ya no estás conmigo, solo quisiera dormir y al despertar verte a mi lado. Ahora mi vida es obscura. Si un día lees esto, regálame cinco minutos una llamada, un mensaje de WhatsApp que me haga saber que tú también me amaste, así como yo a ti.

198. Si tú crees que nunca voy a lograr superarte entonces, estas en un tremendo error.

199. Por el inmenso amor que un día yo sentí por ti y tú por mí, Simplemente te quiero decir muchas gracias. Por las veces que viste por mí, porque me apoyaste cuando más abandonada estaba, porque me tomaste de la mano y me sacaste del lodo sin importar que te ensuciaras tú también, por esas cosas y muchas más: "hoy te quiero dar las gracias", porque si no hubieras llegado en el momento preciso a mi vida yo estaría

totalmente perdida y abandonada, muchas gracias.

201. Dicen que nadie se muere de amor, pero es una mentira, porque el 80% de las personas que se suicidan es por un amor; y de cada nueve personas que se suicidan, ocho son hombres.

202. Si amas demasiado a una persona querrás su felicidad, aunque no sea contigo.

203. Si quieres regresar con tu ex piensa en diez cosas horribles que te haya hecho; si después de eso aún quieres regresar con tu ex. ¡Estás demente!

204. A veces, no tienes los pantalones para tomar la decisión de dejar a tu pareja; a la cual ya no amas, pero sólo estás ahí, porque piensas que tienes muchas vidas, pero estás equivocado o equivocada.

205. Estás dispuesta a arruinar la relación por una cosa que no te gusta de tu pareja por una cosa arruinas todo, tu pareja tiene 9 de 10, tiene todo lo que tú deseas, pero no sabe bailar y con eso basta, tiene todo lo que tú deseas, pero tal vez no es romántico y con eso basta para que arruines algo que pudo ser para siempre. Tal vez todo el tiempo la pasaron bien, lo disfrutaban y de repente tuvieron un enojo fuerte en el que te gritó algo que no te gustó y te enfocas en eso cuando hubo muchas cosas hermosas que te dio y por eso muchas veces se destruye una relación.

206. ¿Por qué te encanta engañarte a ti mismo?, es obvio cuando no le interesas a una persona. Si tú eres quien estás friega y friega que te haga caso y esta persona no es capaz de ver la belleza que hay en tu interior, aléjate. No tiene caso que estés con alguien a quien no le interesas, si lo mejor de mí no te es suficiente entonces yo no tengo nada que hacer contigo hijita o papacito, eso es lo que le vas a decir: adiós.

207. Enamórate primero de ti. No hay nada más extraordinario que el poder de una mujer, te lo decimos dos hermanos que venimos de una mujer extraordinaria que nos sacó adelante sola, cuatro hijos, una discapacidad y pobreza extrema; tú no te puedes rendir por ningún motivo, no hay nada que te detenga cuando de verdad sacas ese poder de mujer extraordinaria, no nos queda más que felicitarte y agradecerte por ser parte de esta hermosa manada de personas soltando y avanzando hacia la felicidad.

208. Así como tuviste los huevos para enamorarla y conquistarla; ahora tenlos para decirle toda la verdad.

209. Por aferrarte a una albóndiga perdiste una arrachera y de las buenas.

210. Hoy ve a buscar a esa persona que ha dado algo o mucho, para que tu seas quien eres hoy. Si debes de tomar un autobús, o un avión ¡hazlo sin pensarlo!; deja de trabajar un día, que tus

hijos falten a la escuela; no pasa nada, pero ve y busca a esa persona, porque un día se puede morir y te vas a arrepentir.

211. No mendigues amor. Si ya llevas mucho tiempo preguntándole, ¿qué tienes? Si ya llevas mucho tiempo rogándole y suplicándole. Es momento de qué te alejes.

212. Si se comporta distante significa que... quiere que lo dejes solo. A veces solamente quiere espacio, o de plano ya no te quiere.

213. ¿Cómo saber si ya lo superaste? Mucha gente nos dice que ya lo superó, que ya avanzó, pero sigues anclado o anclada a esos recuerdos de odio. Eso significa que aún no lo ha superado, tú lo superas cuando te vale madres todo lo que haya hecho o haga hoy.

214. Deja de estar llorando por alguien que, ya no te quiere. Ten valor, seca tus lágrimas y sigue adelante.

215. Hasta la mejor persona se cansa de mover montañas, por quien no mueve por ella ni una piedra.

216. No es lo mismo un corazón triste que un corazón vacío. El triste saca su dolor a través de las lágrimas, pero el vacío siente que ya nada ni nadie lo puede volver a llenar.

217. Si quiere revisar tu celular significa que... no confía en ti o te es infiel.

218. Si no sacas de tu vida la basura que tienes como pareja, podría empezar apestar tu casa, tu familia y tu vida.

219. Ni la Kola Loka es tan aferrada, resistente y pegajosa como tu ex.

220. Si no te aman, ¡por favor! no rugues, ni te humilles, porque el verdadero amor no se exige o se obliga y solamente se da de manera incondicional.

221. Tres *tips* para alejarte por completo de tu ex pareja: Primer punto, deja de hablar de él o ella, porque más lo tienes presente en tu cabeza. Segundo punto, elimina todas sus fotos, ositos de peluche, en sí, todo lo que te recuerde a él o ella y tercer punto, bloquéalo o bloquéala de todas tus redes sociales.

222. Decidí romper esta botella que me tomaría por ti; cuando me di cuenta de que, no valías ni lo de un "caballito."

223. ¿Cómo saber si soy tóxico? primero debes entender que si estás en una relación tóxica; entonces, tú también eres tóxica o tóxico. Imagina esto: si en este momento ingresara en mi sangre alguna sustancia tóxica automáticamente mi cuerpo se volvería tóxico. El primer paso para entender esto, es dejar de culpar a la otra persona para entender que nosotros también cometemos errores y estamos pegados a esas toxinas que hay en toda la relación; esto sucede por nuestra actitud,

nuestros celos y nuestra postura entre otras cosas.

224. Antídoto *versus* la toxicidad de tu pareja. La única forma de eliminar un veneno o toxina de tu cuerpo es con un antídoto y el mejor antídoto para una relación tóxica es, todo lo contrario a lo que tienes. Ya conocemos el veneno de esta relación, ahora piensa en los momentos hermosos, los abrazos, los besos, solo enfócate en lo bueno de tu pareja, de ti mismo y entonces la toxicidad se eliminará por completo.

225. Si te engañó fue una bendición, el que te engañara fue lo más importante de esas bendiciones y que te disté cuenta, ya lo sabes ya te engañó, ya te fue infiel varias veces, no una sola vez y si no lo puedes perdonar y no puedes avanzar por completo, entonces continúa con tu vida, porque el tiempo corre. Ahora bien, si esa persona te engañó, ahora no cometas el terrible error de engañarte a ti mismo, hay que seguir adelante.

226. Si vas a mandar a volar a alguien que sea a tu ex.

227. ¿Por qué solamente te concentras en el dolor? Tú mandas sobre tus pensamientos, céntrate en lo bueno. La vida está llena de cosas trágicas y el ser humano se centra siempre en eso, es como nuestra costumbre, es centrarnos en las cosas que causan dolor, pero también la vida

está llena de un montón de cosas hermosas, está llena de amor, está llena de abrazos viene gente a nuestra vida que nos da experiencias maravillosas, el tener un abuelito que tal vez estuvo solamente cinco años con nosotros nos dio una experiencia maravillosa, la ex pareja que tuvimos que duramos un año o dos años nos dieron una experiencia maravillosa, independientemente de lo que haya pasado después, así que céntrate en lo bueno y más de lo bueno aparecerá en tu vida

228. Tienes que dejar a tu pareja después de esto. Después de haber visto todo lo positivo de tu pareja y enfocarte en ello y trabajar en ello durante un tiempo y si aun así no funcionó, ahí es donde debes cortar esa relación. Es como cuando tienes un cáncer, cuando tienes ese veneno si sigue avanzando va a llegar a pudrir todo tu cuerpo; a veces tienes que cortar el brazo antes de que siga avanzando ese veneno y cortar el brazo es mandar a la chingada a esa pareja, porque te va a llenar de toxicidad toda tu vida y después ya no va a haber remedio, el único remedio es la muerte en vida, aunque te duela, corta ese brazo.

229. Tres *tips* para recuperarlo o recuperarla: *Tip* número uno, dale su espacio a esa persona, te dejo por alguna razón tal vez quiera conocer a otra persona, tal vez quiera pasar más tiempo consigo mismo, entonces, la mejor forma de qué te extrañe es no estando presente en su vida. Segundo *tip*, valórate mucho más, arréglate

ponte guapa, ponte bonita a nadie nos gusta una persona deprimida, tienes que verte chingona, chingón, feliz en las redes sociales y así lo vas a atraer o la vas a atraer. *Tip* número tres, no te hagas muchas expectativas, entiende que esa persona tal vez ya no vuelva a tu vida, vete mentalizando tal que vez esa relación ya terminó para siempre, inténtalo con todo tu amor y tu corazón, pero entendiendo que tal vez esa persona ya no volverá.

230. Un buen mensaje para tu ex. La neta que, si te quise, por ti hasta descuidé a mis amigos y abandoné a mi familia, pero no me arrepiento porque ahora ya sé a qué clase de personas no debo dirigir ni la mirada.

231. Si tu mujer o tu novia llega a serte infiel, nunca la vas a cachar, las mujeres suelen ser muy inteligentes.

232. Tu pareja sabe cómo hacerte enojar. Por desgracia hay mucha gente así, mucha gente que ya te conoce, que sabe que fibra tocar, qué palabras decirte, que acción tener para hacerte enojar hasta explotar, no lo permitas porque generalmente esa persona es tu pareja que te conoce perfectamente y a veces lo hace hasta sin querer, no sabe, no es consciente de que te está haciendo sufrir y te dice la palabra correcta, te dice cuando hiciste, cuando te fuiste a tal lugar, ¿te acuerdas? Porque tú eres una put* te dice lo que te caga que te digan, que te

da en la torre, no permitas que nadie arruine tu día.

233. ¿Crees que vale la pena llorar por alguien que no te valora? ¿crees que vale la pena seguir así, suplicándole a una persona que no quiere estar en tu corazón? Sabes que a toda esa gente que no te valoró, a esa gente que no cumplió sus promesas, esa gente que te engañó, ya es tiempo de que le digas ¡a chingar a su madre!

234. Pretendes engañarme, te puedes ir por dónde llegaste, la puerta es muy ancha y mi corazón tan angosto como para dejar entrar a otro mentiroso.

235. ¿Cuántas veces piensas dejarte y regresar con tu pareja? ¿cuántas veces vas a tener la esperanza de que esa persona va a cambiar? Déjanos decírtelo aquí: solamente el 1% de las personas cambia para bien, así que somos lo que somos, somos lo que ves, es lo que hay. Si tú estás creyendo "hay mi pareja es ese 1% que va a cambiar", pendeja o pendejo porque no va a cambiar, te lo tenemos que decir, ¿en verdad quieres regresar? ¿en verdad quieres regresar con esa persona que te engañó? Esa persona que te mintió y que te hizo tanto daño que, hasta la fecha, te cuesta tanto conciliar el sueño y levantarte y volver a seguir adelante con tu vida, ¿en verdad quieres volver a este fastidio, en verdad quieres creer en una burbuja llena de mentiras que ya nadie las cree más que tú?

Todas las personas te lo dicen que no debes de estar ahí qué no debe seguir con esa persona.

236. ¿Por qué te dejo en visto? El primer punto es el más lógico, el más obvio ya que no le tienes que dar tantas vueltas a la vida, ni tanto rodeo. Si te dejo en visto es porque simplemente no le importas, no le interesas, no quiere salir contigo, ni quiere algo más. Ya vio tus intenciones y sabes que te va a cerrar la puerta con un candado.

237. Si cuando le preguntas ¿qué somos? se queda callado o callada y te cambia el tema significa que... que no quiere nada serio contigo.

238. ¡A la chingada con sus celos! Para que aguantar a una persona que todo el tiempo te está friegue y friegue y arruinándote la vida, ¿vale la pena? Y le vas a decir lo siguiente "si vas a seguir con tus putos celos yo te voy a dejar y esta vez va a ser en serio, no voy a volver jamás contigo, porque ya no voy a tolerar tus celos cuando yo no he hecho nada malo".

239. Si tu pareja ya te revisa el celular todo el tiempo o quiere revisarlo, si ya no te deja salir con tus amigos o amigas, si ya pelea por todo contigo significa que, significa que estás entrando a una relación tóxica.

240. Tres *tips* para saber si tiene a otra: 1. No deja que revises su cel y además su clave de acceso es infinitamente imposible de descifrar. 2. Tiene demasiadas mujeres agregadas en Facebook y

la mayoría de sus likes y corazones, son de muchas mujeres. 3. Trata de no llevarte a muchos lugares concurridos, para no encontrarse a la otra.

241. **Tips** para saber si te mintió: *Tip* número uno, cuando estás hablando con esa persona se contradice demasiado en los hechos, de toda la historia que te está contando, te mintió. *Tip* número dos, si cuando le estás preguntando lo que quieres saber, te desvía la mirada, no te aguanta una mirada directa significa que te mintió. *Tip* número tres, si después de estar alegando TODAS SUS MENTIRAS todavía se enoja y se hace el digno o la digna es porque te mintió.

242. Tres *tips* para saber si ella está loca: Número uno, si no te deja salir con tus amigos, es más, no quiere que tengas amigos, sólo te quiere para ella entonces está loca. Número dos, si cada vez que estás con ella, sacas tu celular por cualquier cosa y se encabrona, está loca. *Tip* número tres, todas las mujeres tienen un grado de locura, pero a veces, esa locura es porque en el fondo te aman demasiado.

243. Si le preguntas por alguien en específico y se pone muy nervioso o nerviosa significa que... tiene algo con esa persona sin dudarlo.

244. Tres *tips* para olvidarlo u olvidarla: *Tip* número uno, aléjate por completo de ella, como si fuera el coronavirus. *Tip* número dos, bloquéala de

tus redes sociales y de todo porque al verla te va a generar ansiedad y vas a querer buscarla. *Tip* número tres, no te quedes encerrado, ten actividades que mantengan tu mente ocupada haz todo lo que no te haga pensar en esa persona.

245. Tres *tips* para sanar tu corazón: Número uno, tienes que entender que la vida no es color de rosa, es como una montaña rusa, a veces estás arriba a veces estas abajo y a veces hay dolor, tristeza y alegría y a todos nos pasa, no nada más a ti. *Tip* número dos, aprende a sanar esas heridas, cuando tú tienes una herida, tienes que buscar cómo sanarla, tienes que buscar con medicamentos y ayuda también, lo tienes que hacer y así es cómo vas a ir sanando. Busca videos de autoayuda, lee un libro positivo y si tienes un dolor muy grande, es necesario que busques un profesional. Número tres, no te victimices, si te victimizas y te pones a llorar y te encierras en tu cuarto, si no quieres hablar con nadie, lo único que vas a hacer es acrecentar más ese dolor.

246. Si estás sospechando que anda con otra significa qué... significa que es verdad, porque una mujer raramente se equivoca, acuérdate que tienen un sexto sentido.

247. Tres *tips* para que te valores: El número uno, primero tienes que valorarte frente al espejo y ver todos tus talentos y virtudes para que las demás personas los vean. Número dos, no lo

veas o la veas como un dios o diosa inalcanzable, tú eres grande, te gusta y hasta ahí. Número tres, siempre pon límites, tienes que saber hasta dónde puedes llegar y hasta donde no y la otra persona debe de saber que tú eres alguien que tienes límites y que los aplica, aunque esa persona te guste mucho.

248. Si te la pasas durmiendo todo el tiempo significa qué... estás en depresión o eres muy huevón.

249. Tres *tips* para saber si te conviene: Número uno, si es una persona que viene de una buena familia, es decir, una familia amorosa, una familia completa, una familia de buenas personas, te conviene. Número dos, fíjate que sea una persona con metas, que tenga aspiraciones y que quiera algo más que no sea conformista. Número tres, fíjate cómo actúa y como trata a las demás personas, como trata a los meseros, como trata a los animalitos de la calle ahí vas a ver sus verdaderos sentimientos.

250. Tres *tips* para saber cuándo dejar de insistirle: Número uno, cuando por más que lo invitas o la invitas a salir a tomar un café y a platicar, siempre pone pretextos y nunca tiene tiempo. Número dos, cuando a veces le escribes de cinco a diez mensajes y te sigue dejando en visto, como si no le importaras. Número tres, seguramente ya tiene a otro o a otra y a veces tú lo sabes y aun así sigues insistiendo en algo que ya se murió.

251. Si su celular no tiene contraseña y lo deja por ahí para que tú lo puedas revisar a la hora que tú quieras significa qué... qué es muy fiel o que tiene otro celular.

252. Tres *tips* para saber si tu novio está loco: Número uno, si tu novio es una persona posesiva, que sólo te quiere para él, que ya no le dan ganas de dejarte salir, que si te arreglas se pone como loco... huye de ahí. Número dos, es una persona agresiva, esos güeyes que todo el tiempo están echando pleito se madrean con quien sea, por cualquier estupidez. Número tres, es obsesivo, es decir, a cada rato te pregunta dónde estás, con quién estás mándame captura, enséñame quiénes son tus amigos en Facebook, huye de él.

253. Si ya no crees en el amor significa que... alguien te rompió el corazón.

254. Tres *tips* para que no te cachen si tienes un amante: Número uno, pon todo con contraseña celular, computadora y nunca dejes rastros. Número dos, no salgas con tu amante a lugares concurridos, así como esas discotecas, bares donde sepas que te puedas encontrar a gente que lo conoce o la conoce. Número tres, preferentemente, no tengas un amante porque vas a dañar a muchas personas.

255. Si tu novio pone pretextos para verte significa que... o ya está harta o harto de ti o conoció a alguien más.

256. Si te fue infiel y lo perdonaste significa que... lo amas demasiado o eres muy pendeja.

257. Si no puedes dormir en la noche significa que... tienes mucha tristeza en el corazón.

258. Esto debes de hacer cuando te dejas con tu pareja... es momento que te rodees de la gente que más te ama, cuando una persona que tú amas o alguien de tu familia muere lo que tienes que hacer es eso, rodéate de familiares para que te apoyen, como cuando están ahí en el velorio. Pues lo mismo tienes que hacer, rodearte de la gente que más te quiere, de tus amigos, salir con ellos no echarte para atrás a la depresión.

259. Aunque no tengas ganas de salir hazlo, vive tu luto. Debes hacer cosas que te provoquen felicidad, y sé que muchos de ustedes nos dirán: es que, no tengo ganas de hacer nada, generalmente cuando estamos viviendo un luto por amor, no tenemos ganas de hacer nada, pues te vamos a decir algo: aunque no tengas ganas hazlo. Si nosotros en este momento sonreímos y tú te mantienes sonriente cinco minutos y aguantas sonreír, aunque te cargue la fregada, vas a terminar sintiéndote feliz, está comprobado psicológicamente.

260. Si te bloquea y te desbloquea significa que... a pesar de todo no puede vivir sin ti.

261. Si le lloraste mucho a esa persona significa qué... te hizo mucho daño o la amaste demasiado.

262. Si te esfuerzas mucho para complacerlo o complacerla significa qué... o esa persona es muy difícil, o ya te vio la cara de güey.

263. Si tu pareja hace planes contigo que nunca llegan significa que... te está haciendo perder tu tiempo.

264. Tres *tips* para saber si te oculta algo: Primero, cuando sospechas generalmente te da demasiadas explicaciones una, otra y otra vez. Número dos, cuando se va al baño se lleva su celular y se tarda demasiado. Número tres, todo tiene contraseñas y nunca te da acceso al celular, computadora o *Tablet*.

265. Si está en línea le mandas mensaje y no contesta significa qué... o está muy ocupado u ocupada o está hablando con alguien que es más importante que tú.

266. Si no te extraña y no te busca significa que... pues que no te quiere.

267. Si te dan ganas de arrancarle el corazón significa que... esa persona te lo arranco primero.

268. Si acabas de romper con alguien significa que... estás muy triste y necesitas mucho amor.

269. Si sólo habla contigo de otros hombres significa que… te ve como amigo, ¡que lindo!

270. Si eres muy sensible en el amor significa que… eres muy romántica o te entregas muy fácilmente.

271. Si quieres que llegue la persona correcta a tu vida, no tienes que buscarla, ella solita te encuentra.

272. ¿Cómo hacer para que se enamore más de ti? Claro que hay formas para esto, ponte la mayoría de las veces pues guapo o guapa, que te vea bien como cuando le gustaste, trata de ser interesante, cero aburrida o aburrido, que estés para él o ella, no veas otras cosas, no seas tóxico, bájale a tu locura porque eso llega a hartar a la otra persona, cuida los celos no exageres. Los celos moderados, en cierta forma son hermosos, pero, sobre todo, abre bien los ojos, siempre debes estar atento o atenta, cuando tu pareja necesita su espacio, porque a veces, todos lo necesitamos y déjalo, dale chance, pero, sobre todo, lo más importante, cuando tu pareja necesite tu apoyo tienes que estar ahí para él o ella, al pie del cañón.

273. Si te bloquea después de un pleito muy fuerte significa que… está muy enojado o enojada sólo tienes que esperar un rato, para que se le baje.

274. Tres señales de que no quiere nada contigo: Número uno, nunca te contesta un mensaje. Número dos, siempre evita estar contigo.

Número tres, ni siquiera te siguen en las redes sociales.

275. Si fue infiel una vez significa que... te será infiel una segunda, una tercera, cuarta, quinta y todas las veces que tú le permitas.

276. Si ya casi nunca te escribe significa que... está perdiendo el interés en ti o ya conoció a alguien más.

277. Si ya casi nunca tienen relaciones sexuales significa que... la pasión está terminando por lo tanto deben ser creativos, atrevidos e innovadores.

278. Tres *tips* para saber si ya deben terminar: Número uno, si ya ha habido golpes, palabras fuertes palabras muy hirientes, deben terminar ya. Número dos, si ya ha habido muchas infidelidades por parte de los dos. Números tres, si ya no se entienden en la cama, deben terminar.

279. Si te la pasas escuchando canciones tristes significa qué... aún no la superas o lo superas.

280. Si te hizo daño, ni le mandes malos deseos, mejor mándale bendiciones porque seguramente su corazón está tan destruido corrompido y lleno de maldad que seguramente, él o ella está pasándola mucho peor que tú, hay gente que ha sido muy dañada desde niños o niñas y a veces se quieren desquitar por desgracia con sus parejas y tal

vez, tú eres una persona que fue víctima de eso así que no juzgues, al contrario, mándale bendiciones. Ya se fue de tu vida eso es lo más importante, ni puedes mandarle maldiciones porque el único o la única que se hace daño eres tú.

281. Si tu novia te dice que ya hay otro que la anda queriendo conquistar significa que... qué no es cierto porque, si fuera cierto, ni te enterarías.

282. Me cansé de llorar por ti. Hay un momento en el que toda persona se cansa, ya se cansa de esforzarse demasiado, porque la relación no funciona, porque te cansas de llorar todas las noches, te cansas de darlo todo y que la otra persona no lo valore, te cansas de perdonar una y otra y otra vez y sigues perdonando, pero siempre hay un momento, un límite donde tú dices hasta aquí.

283. Si tu ex te escribe y te llama en la madrugada significa que... que aún no te supera o está pedo el güey.

284. Si te llega una solicitud en *Facebook* de una chica que está muy hermosa, preciosa como una modelo y te dice, hola pásame tu *WhatsApp* quiero salir contigo significa que... que ese *Facebook* es falso o tal vez tu novia te está preparando una trampa.

285. Si pone muchos pretextos para verte significa que... ya no te quiere o le da miedo por el Coronavirus.

286. Si cuando salen a comer a un restaurante en la mesa su celular siempre lo deja volteada boca bajo significa que... obviamente no quiere que veas sus notificaciones, así que te oculta algo ¡aguas!

287. Si te dijo necesitamos un tiempo significa que... que realmente quiere terminar, pero pues le das lástima.

288. Las mujeres que se dieron tiempo para estar solas y sanar sus heridas, al final son las más felices porque aprendieron amarse a sí mismas.

289. Que pendejada desperdiciar una noche de tu vida pensando en alguien que en este momento ya está feliz con alguien más.

290. Tres *tips* para chantajearlo: Número uno, le vas a decir que dejaste algo olvidado en su casa y que tienes que ir, no le vas a quitar mucho tiempo. Número dos, cuando quieras que te atienda, todo bonito que sea atento cuidadoso le vas a decir "me siento muy mal" y él va a tener que atenderte todo el tiempo que tú quieras. Número tres, cuando quiera salir contigo le vas a decir que no puedes porque ya no tienes nada de ropa que ponerte, te va a decir, no te preocupes vamos a comprar algo.

291. Si le vas a creer algo que sea con acciones y no con palabras.

292. Si ya estás pensando en dejarlo o dejarla, déjalo, pero déjalo bien, porque de lo contrario nada

más vas a quedar en vergüenza y te vas a debilitar y después te va a hacer como quiere.

293. Si tu ex te buscó significa que... que aún te extraña, o se peleó con la otra.

294. Si dejó de contestar los mensajes significa que... que, le vales madres ¡güey!

295. Si ya agarró su maleta, guardó todas sus cosas y te dijo que se larga, significa que... que, en ocho días está de vuelta

296. Cuatro *tips* para olvidar a tu ex: Número uno, bloquéalo de todas las redes sociales. *Tip* dos, bloquea las llamadas telefónicas, bloquéalo de tu vida. Número tres, haz una lista de todas las cosas feas que te hizo y cada vez que estés a punto de hablarle, buscarlo o buscarla, sacas la lista y vas a recordar. Número cuatro, por favor elimina todas las cosas que te lo recuerden que están en tu casa, un cuadro, una foto, un osito de peluche, las cartas, elimínalas todo, o por lo menos guárdalo donde no lo puedas ver, que te cueste mucho trabajo llegar a esas cosas.

297. Que tu último pensamiento del día sea en Dios y no en un pendejo.

298. Deja de abrir tu celular, con la esperanza de ver un mensaje de alguien que ya no debe estar en tu vida.

299. Si tu pareja y tú tienen el mismo carácter significa que... que tarde o temprano van a terminar, porque los polos iguales se repelen.

300. Si tu novia te pide que pongas en Facebook que están comprometidos significa que... que, ya te quiere atrapar. ¡Aguas!

301. Si tú eres muy tóxica y él es muy celoso significa que... están destinados al sufrimiento.

302. Si no te desbloquea significa que... que, definitivamente ya no quiere nada contigo.

303. Si te deja en visto y después te habla significa que... pues que, medio le importas o tal vez está ocupado u ocupada.

304. Si te engañó y te lastimó significa que... ahora eres, más fuerte y sabio o sabia.

305. Si ya no quieres sufrir por un amor en tu vida significa que... ya te han roto el corazón en mil pedazos.

306. Si un hombre casado te dice que ya va a dejar a su esposa por ti muy pronto, significa que... que siéntate a esperar porque nunca lo va a hacer.

307. Si te conformas con cualquiera significa que... que no te amas lo suficiente, ámate un poquito ¡caray! Eres valioso o valiosa, pero te lo tienes que creer.

308. Tres *tips* para que tu ex te ruegue: *Tip* número uno, sube por lo menos dos fotos a tus redes sociales todos los días donde salgas bastante guapa o bastante guapo; para que se le antoje. Número dos, restriégale a otra persona; sal con otras personas, no te aferres solamente a esa persona y número tres, después de todo esto te va a buscar o te va a escribir, entonces cuando te escriba, déjalo en visto, por lo menos día y medio.

309. Si no soportas que tu novia salga de antro con sus amigas significa que… que ya le has cachado cosas, o que eres demasiado obsesivo.

310. Si no sabes si dejarlo o dejarla significa que… que ni lo dejes, porque seguramente después te vas a arrepentir y vas a regresar con él o ella y después te va a ser como él o ella quiera.

311. Si ya llevas más de un año y no has podido superarlo o superarla significa que… necesitas una tutoría con nosotros así que escríbenos, por mensaje privado o manda un mensaje por *WhatsApp* al: +525610722705

312. Si tu ex ya tiene a otra, pero te llama, te escribe y te dice qué, tal vez quiere regresar contigo porque está confundido significa que… que no ha olvidado la manera en que se lo hacías, pero aun así no caigas.

313. Si cuando está hablando contigo y tú le preguntas algo le da muchas vueltas o explicaciones significa que… que te está

mintiendo, las personas que dicen la verdad van al grano.

314. Cuando un hombre se aleja de tu vida te sientes vacía, triste, porque sientes el desprecio y a ninguna mujer le gusta sentirse despreciada, creemos que cuando alguien se aleja de ti es la peor bofetada que te pueden dar en la vida. Sin embargo, si algo te podemos decir es que cuando un hombre se aleja, lo que tienes que hacer es dejarlo, tienes que dejar ir a esa persona, tienes que dejarla, lo más horrible que puedes hacer es obligar a que una persona te quiera, nunca vas a poder obligar a una persona que te quiera, que esté contigo. No puedes llegar a amenazar y chantajear, puedes hacer muchas cosas para que se quede, pero no vas a estar feliz ahí y eso va a ser un infierno para ti y para él, déjalo libre, déjalo ir.

315. Si te han engañado, tienes dos formas de mirar la situación, una es tirarte al vacío, ser víctima, llorar, creer que a nadie más le pasa en el mundo solo a ti, etc. Y pasarte incluso años sufriendo por eso. La segunda opción que tienes es entender que cuando te han engañado, a veces, Dios, si tú estás conectado con Dios, si eres una persona que cree en Dios que cree en algo superior, sabrás que Dios te ama y entonces cuando te engañan a ti, cuando te sean infiel, sabrás que Dios a veces te manda eso, así como lo lees, tú nos vas a decir ¿cómo me va a mandar esto Dios? Si te manda eso que parece tan feo es para que por fin entiendas que ese

hombre o esa mujer que te ha engañado, no es para ti.

316. Si cuando salen juntos ya siempre la pasan peleando, significa que... que ya no tiene caso seguir juntos, es tiempo de decir adiós.

317. Si cuando está contigo actualiza mucho su *feed* de *Facebook* y de *Instagram* significa que... significa que está preocupada o preocupado que está estresada o estresado y tiene un problema en el cual quiere que tú le ayudes.

318. Si ya se está arreglando más de lo normal significa que... que por ahí hay alguien que, le gusta o igual ya te está poniendo los cuernos. ¡Aguas!

319. ¡Por favor Ámate mujer! A ver mujeres, la verdad es que hemos escuchado demasiadas historias de ustedes que nos cuentan en las redes sociales y demás y de verdad la gran mayoría van a que no se aman, que no se valoran que no se respetan como mujeres ¿por qué has permitido que otras personas te metan ideas en tu cabeza? Son esas personas, que a veces desde la niñez, esa gente que está a tu alrededor. A veces es tu propio padre, tu mamá que te dicen que eres gorda, que eres fea, pero la gran mayoría, lo que más les pega es, cuando su pareja se los dice, sí, ese novio que te dice, ¿me vas a dejar a mí? ¿quién te va a querer así? Tú has permitido que esa gente te manipule y meta ideas en tú cabeza y a partir de este libro

debes decidir quién eres tú y tú eres quien decides y no que los demás digan así que levántate y ponte a trabajar en ti.

320. ¿Por qué duele tanto el amor? El amor duele mucho por la ilusión que nos hacemos cuando conocemos a alguien. Al conocer a alguien nos hacemos muchas ilusiones, y cuando esas ilusiones no se cumplen o se rompen de tajo es cuando se te rompe el corazón.

321. Si esa persona aparece, tienen relaciones sexuales y después desaparece, para después aparecer y que vuelvan a tener relaciones, significa qué… que, sólo es un amante ocasional.

322. Si te da mucha curiosidad tener un *Sugar Daddy* significa qué… pues, tienes que experimentarlo total la vida es una.

323. Si tuviste hijos con tu ex significa que… que tendrás que, hacer el doble de sacrificio porque todo lo que hagas podría afectar a tus hijos.

324. Si te han dicho que tu ex está hablando mal de ti significa que… que está bien ardido o ardida, porque no ha podido superarte.

325. Si has llorado demasiado por esa persona, pero sigues ahí significa que… pues que ya te vio la cara de pendeja.

326. Si el tóxico te sigue escribiendo todo el tiempo y tú no lo bloqueas, es más, le sigues el juego significa que… que la tóxica eres tú.

327. Si te han mentido lee esto: las mentiras matan el alma y la confianza porque no hay nada más doloroso que descubrir que lo que tú creías no era verdad; lo que te había emocionado tanto estaba lleno de mentiras. No sabes cuántas veces nos han escrito preguntándonos qué hacer, si decir la verdad o mejor decir una mentira, una mentira que va a causar un dolor tremendo el día que se descubra, mucha gente cree que nunca se va a descubrir, pero la verdad es que la gran mayoría de las mentiras tarde o temprano salen a la luz y cuando salen a la luz el dolor es insoportable, el dolor de una mentira descubierta es cien veces más fuerte que haber dicho la verdad en el momento correcto.

328. Si tu novio te dice: "anoche ya no te contesté porque me quedé dormido" significa que… que se fue con sus amigos o tal vez con otra.

329. ¿Sabías que cuando una mujer se decide, es porque se decide? A veces, puede tardar un poco, pero te aseguramos que, cuando toma su decisión, es totalmente inquebrantable.

330. Si crees que eres dependiente de tu pareja significa que… significa que, ¡ya valiste madres! Si no haces algo pronto te va a tratar como trapeador.

331. Si han terminado y regresado más de tres veces significa que… significa que, por lo menos van a estar así durante un año más hasta que alguno

de los dos tenga los suficientes pantalones para de verdad alejarse.

332. ¿Sabías que un hombre es capaz de mentirte demasiado con tal de tener sexo? Es correcto manada, aunque doloroso; los hombres que nos están leyendo tal vez dirán que no es cierto, pero es verdad. El hombre adora del sexo y si necesita decirte te amo o que se va a casar contigo lo hará; te lo dirá, aunque sea una mentira. En si te mentira una y otra vez.

333. Se arrepentirá de haberte dejado, de haberte hecho daño y entonces regresará arrepentido o arrepentida de haberte dejado, de haberse ido de tu lado, de haberte dañado. La pregunta es ¿qué vas a hacer al respecto ahora? Porque una vez que tú te aprendiste a amar, aprendiste a avanzar, a abrir tu corazón e incluso aprendiste a enamorarte de ti y disfrutarte a ti misma. Esa persona llegará arrastrándose, entonces ¿qué vas a hacer? ¿crees que va a cambiar y que puedas olvidar esas lágrimas y esos golpes una vez más? Esperamos que no.

334. Si tú *crush* no te escribe significa que... que por eso es tu crush.

335. Si tu sexto sentido te dice que ahí no es significa que... que ahí no es ¡no mames!

336. Si alguien te hizo sentir muy especial y le creíste todo significa que... significa que te ilusionaste solamente que, te hiciste muchas historias en tu cabeza que, pusiste las

expectativas muy altas y ahora vas a sufrir las consecuencias.

337. Si luchas por alguien que no te quiere significa que... que te estás desgastando, e ilusionando a lo pendejo.

338. Si cuando está hablando contigo llora mucho significa que... que tienes que darle todo tu apoyo, o un buen abrazo sería una excelente opción.

339. Si alguna vez tú has sido la amante significa que... que te estás arriesgando demasiado; la mayoría de las veces la amante sale perdiendo.

340. Si tu pareja busca mucho a su ex, pero está contigo significa que... pueden ser dos cosas: la primera, puede ser que le tiene muchísima confianza a su ex e incluso más confianza que a ti. La segunda, seguramente aún tiene algo con esa ex.

341. Si quieres decirle que te gusta, por lo menos asegúrate de que tú le interesas un poquito.

342. Si tu hombre es extremadamente celoso significa que... puede ser que, es un hombre muy inseguro que cree que le vas a ser infiel con cualquiera; o que él es muy infiel. Recuerda el león cree que todos son de su condición.

343. Si le encontraste *nudes* a tu pareja y te dice: "que solo se las saco porque se sentía bonita o

sensual" significa que... significa que, no es cierto tú sabes que, se las mando a alguien.

344. Si te deja de contestar los mensajes significa que... o está muy enojado o enojada contigo, o simplemente ya le vales madres. ¡Ya resígnate!

345. ¡Por favor! Ya deja de ser su segunda opción, mi estimado o estimada, ¿cómo estás tú? No estás para ser el platillo barato, el que nadie quiere, el que se comen por lástima o el que se come cuando ya se comieron todo lo demás. Ese platillo que queda ahí todo mal hecho; tú no eres ese platillo. Recuerda que tú eres un platillo extraordinario, un manjar delicioso, pero lo tienes que ver y creer. Mientras tú no sientas que vales la pena, ¡jamás te van a valorar!

346. Tres *tips* para saber si es un patán: Número uno, si tiene muchas mujeres agregadas en WhatsApp. Número dos, sus amigos son unos perros y mujeriegos y número tres lo conociste en el desmadre ¿que esperabas?.

347. Si después de mucho tiempo de repente te busca significa que: bueno no te hagas muchas ilusiones puede significar simplemente que te soñó, se acordó de ti y te quiso escribir o a veces te sueña mal, te soñó que te moriste y entonces te escriben, oye, ¿estás bien? Es que te soñé ¿a poco no te ha pasado?

348. Si te manda un mensaje en la madrugada significa que... puede significar varias cosas, tú

me vas a decir cuál de estas: número uno, está demasiado borracho o borracha y te está recordando y llorando. Dos, solamente quiere sexo, está caliente, o número tres, simplemente te extraña mucho.

349. Si quieres que te escriba haz esto: Mándale una publicación de su artista favorito, una película interesante o algo de su equipo de fútbol, en sí, algo que tú sepas que le va a llamar mucho la atención o algo raro. Entonces cuando te conteste, le vas a decir: "que era una cadena", para que no te veas como un desesperado o desesperada con esa persona, pero ya aprovechando la conversación, empezarás a hablar sobre ese tema te aseguramos que no pararán de hablar.

350. ¿Por qué a los hombres nos gustan las mujeres difíciles? Porque desde la antigüedad éramos cazadores, nos gustan los retos, pero también nos gusta sentirnos victoriosos, cuando conquistamos algo difícil. Si se da fácil para nosotros es equis.

351. Truco para olvidarlo u olvidarla: Primero escribe en una libreta todo lo que te acuerdes que te hizo daño de esa persona, escribe todas sus cosas malas y después vas a leer esa lista todos días así cada vez que la leas, seguro te vas a acordar de más cosas malas esto hará que la lista siga aumentando todos los días. Entonces, cada vez que esa persona venga a tu mente y quieras regresar con ella o el, solo toma la

libreta y sigue anotando más cosas negativas, así no regresarás y terminarás olvidándolo u olvidándola. ¡Pruébalo y escríbenos!

352. ¿Por qué duran tanto las relaciones toxicas? Porque está comprobado que las mujeres son más felices cuando su pareja está enojada; ya que esto demuestra lo fuerte de la relación, ¡qué raro!

353. Si eres una mamá soltera y tienes hijos o hijas entre los 5 y 12 años y por ahí tienes un novio ¡por favor! No lo metas a tu casa, porque podría ser muy peligroso, para ellos, ya que incluso podrían ser abusados por esa persona en la que a veces nosotros confiamos ciegamente por "el amor". Ojalá leas esto a tiempo: por favor no lo metes a tu casa porque luego el daño es terrible para tus hijos. Incluso a veces las mamás cierran los ojos ante eso que está pasando, por el amor que le tienen a un idiota, ¡nunca confíes en el abuelito y en el tío nunca!

354. Si le escribes mucho a una persona significa que... significa que vas a terminar hostigando a esa persona, por favor, mejor una llamada y cántale las cosas de una vez por todas.

355. Si un hombre te dice que te portes bien significa que... significa que ese hombre no te tiene mucha confianza y que cree que te vas a ir por ahí de zorra así que tienes que darle más confianza si crees que lo vale.

356. Si te escribe, pero luego te ignora significa que... significa que le gustas, pero ni quiere verse hambriento contigo, ni quiere que veas que es fácil o simplemente está jugando contigo.

357. Ya basta de estar mintiendo como un idiota, apoco crees que no se da cuenta, si se da cuenta de que has llegado tarde y le inventas cualquier estupidez, se ha dado cuenta de todo, pero se queda callada con tal de continuar una relación, pero es una relación que está totalmente rota y que va para el abismo y ¿sabes qué? Desafortunadamente para ti ella ya llegó a su límite de creerse esas mentiras pendejas y a partir de este momento te va a mandar a la fregada.

358. Si se tarda demasiado en el baño significa que... punto número uno, a lo mejor aprovecha el tiempo, para hablarle a otras, así que métete al *WhatsApp*, para revisar si está en línea. Punto número dos, igual algo le cayó mal.

359. Si tu novio le escribe a muchas mujeres significa que... significa que tu novio es un "don Juan" Así que o lo aceptas como es, porque, eso no quiere decir que no te quiera, o mejor te vas. ¡Tú decides!

360. Si tu novio te pone excusas para verte significa que... significa que tu novio está muy ocupado o ya está muy hostigado por ti o simplemente ya está saliendo con otra persona.

361. Si te bloqueó de sus estados de *WhatsApp* significa que... significa que, obviamente ya no quiere tener ningún contacto contigo; o no quiere que te enteres de lo que está haciendo en su vida.

362. Si estás perdiendo el deseo con tu pareja significa que... significa que, ya están cayendo en la monotonía, así que, si no se atreven a hacer algo pronto, alguna cosa loca juntos, esa relación va a morir.

363. Si tu novio te llega ser infiel significa que... lo vas a cachar muy pronto; es muy fácil, los hombres somos demasiado pendejos para eso.

364. Si primero te amaba muchísimo, pero después te hizo mucho daño significa que... significa que, tal vez tú le hiciste algún daño primero y no te diste cuenta. Piénsalo bien, o tal vez, él es una persona mala y desgraciada, tu amor te segó y ahora que ha habido problemas ya sacó su verdadera cara.

365. Si la chica que te gusta te dice amigo siempre que te habla significa que... incluso cuando te escribe te dice claramente amigo, entonces ya ¡valiste madres! Porque te mando a la *"friend"* *"zone"*, para salir de ahí es casi imposible, si hay muchas técnicas, pero ya estás en su lista de mejores amigos.

366. Si sientes que no puedes vivir sin él o sin ella significa que... significa que, ya te hiciste dependiente de otra persona y eso va a ser muy

difícil de salir de ahí. Además, la otra persona se va a poder aprovechar de ti una y otra vez porque ahora dependes de él o ella en todo. Lo que tienes que hacer es comenzar a amarte a ti mismo o misma, para que le puedas decir algún día: "puedo ser feliz a tu lado, pero, también sin ti".

367. Si tu pareja solamente te utiliza una y otra vez significa que... que ¿qué esperas? Para largarte y mandarlo a la chingada, ¿para qué te vas a quedar ahí?

368. Si tu pareja ahora se arregla demasiado cuando va al gimnasio y normalmente no lo hacía significa que... significa que, no va a hacer ejercicio, en realidad va a ver a quien se encuentra.

369. Si te metes con un hombre casado significa que... significa que te puedes meter en serios problemas. ¡Fíjate! Nada más puedes ser parte de la destrucción de una familia. También podría ser que esa familia ya está destruida, por lo tanto, ese hombre busca un consuelo en ti, aunque este sea el caso, no será algo fácil. Además, imagínate todos los problemas que tendrás con la esposa, con la familia que te busque, te insulten y hasta te quieran golpear. ¿Para qué te vas a meter en todo eso? Si hay tantos hombres solteros.

370. ¿Por qué lo sigues queriendo a pesar del daño que te hace? La única realidad es que a veces

somos capaces de perdonar cosas que, parecen imperdonables y dejarlas pasar con tal de estar con esa persona que creemos amar. Sin embargo, eso ni es amor es dependencia emocional, es no querer estar solo o sola, es preferir estar con una persona que, nos daña y así evitar, estar en soledad sufriendo. ¡Piénsalo!

371. Si tienes que andar rogando para que se quede contigo significa que.... significa que, ya debes de dejar de mendigar amor. El amor no se mendiga, porque simplemente se da. Si tú ya has rogado demasiado; ya no tienes nada que hacer ahí.

372. Si alguien te dice: "yo no podría vivir sin ti, si tú me dejaras, no sabría qué hacer con mi vida" significa que... significa que, te tienes que largar inmediatamente. Sí, agarra tu maleta, ahorita empaca bloquéalo, y desaparece.

373. Si tú ex de repente te escribe significa que... significa que, probablemente no te ha superado del todo, o tal vez se acordó de ti y como que se "calentó". Simplemente se dijo: "deja hablarle a ver si cae".

374. Deja de abrir tu celular con la esperanza de ver un mensaje de alguien que, ya no debe estar en tu vida.

375. Si tu pareja te trata mal significa que... puede significar que, a tu pareja, la o lo trataron mal cuando era pequeño o pequeña. Acuérdate que repetimos los patrones que vivimos durante

nuestros primeros siete años de vida, así que, si fue maltratado, humillado o castigado de distintas formas ahora se está desquitando o repitiendo esos abusos contigo que eres su pareja. Eso se puede tratar con un especialista; si ambos quieren salir adelante como pareja, sino tendrás que irte de ahí.

376. Si quieres que la persona que te gusta se interese por ti significa que... significa que debes pensar esto: ¿Por qué a ti algo se te hace interesante? Por ejemplo, una película, un documental o una persona. En este caso una persona es interesante para ti porque tiene secretos que descubrir, entonces no le des toda tu atención a esa persona, a veces escríbele a veces no, ten uno que otro secreto que vayas descubriendo y así te le harás interesante.

377. Si quieres ganar una discusión significa que... significa que, ni si quiera tienes que entrar en la discusión, porque si quieres ganar una discusión debes evitarla.

378. Si le tienes mucho rencor a tu ex significa que... significa que, se pasó de lanza contigo, que dejó marcado tu corazón, pero, también destruida tu alma.

379. Si nunca ve tus estados significa que... significa que, ya te superó porque cuando una persona ya no le importa ver los estados del otro, ya no le importa esa persona para nada.

380. Si te anda ligando, pero tiene novia significa que... pues que, sólo te quiere para un rato.

381. Si no puedes olvidarlo u olvidarla significa que... significa que aún no superas ese duelo, esa pérdida, aún no ha cerrado ese ciclo, o tal vez, aún tienes la esperanza de que en algún momento vuelva contigo, pero la esperanza se te va a terminar pronto.

382. ¿Puedes ser esclava de tu ex? La respuesta es sí; la definición de esclavitud según el diccionario es: "que tú eres propiedad de otra persona". En sí, ser esclavo es como ser su camisa, cinturón o sus zapatos. ¡Piensa! ¿Qué haces con tus zapatos? Las usas y los pisas. ¿Qué haces con tu ropa? La desechas, la tiras, o te revuelcas en ella. Ser esclavo es actuar como la propiedad de esa persona porque ya no nos vemos como unas personas independientes. Olvidamos la extraordinaria y atractiva persona que eres, y te rebajas a ser un objeto al agrado de tu ex, esto le permite a él o ella hacer lo que quiera contigo.

383. Si a pesar de todo lo que han vivido todavía te sigue escribiendo significa que... que aún estás presente en su vida, o te está utilizando como un colchón, si se pelea con la otra o el otro. Es decir, ahí tengo a mi pendejo o pendeja, para cuando la necesite.

384. Si te gustan los hombres casados significa que... significa que, te gusta la emoción, los secretos,

te gusta lo oculto, pero, deben tener una atracción sexual muy poderosa que hace que les valga todo. Sin embargo, a pesar de esas emociones tan fuertes, al final eso te va a traer muchos problemas.

385. Si tú crees que se puede amar a dos personas a la vez, significa que... significa que, si es posible, no es ningún pecado, no es nada malo, es más hay mucha gente que se ha enamorado de dos personas a la vez.

386. Si se acostó con otra persona y tú lo o la cachaste, pero después vino a decirte que fue solo sexo significa que... significa que, tal vez es verdad, fue solo sexo, pero a pesar de eso es una infidelidad muy cabrona. La otra opción es que lo hizo porque tiene una química increíble con esa persona y le encantó.

387. Te rompió el corazón en mil pedazos y ahora juntarlos y unirlos no será cosa fácil. Se necesitará mucha fuerza, serenidad, paciencia, pero al final ese corazón latirá más fuerte que nunca.

388. Cuando me di cuenta de que no eras lo que yo creía, me rompiste el corazón en mil pedazos. Mi llanto se desbordó sin control, hasta el grado de que sentía morirme en vida, pero al final me di cuenta de que también volví a nacer; hora con más fuerza, más inteligencia y experiencia.

389. Si crees que tus hijos son un impedimento para dejarlo o dejarla significa que... significa que,

estás en un error porque probablemente estés utilizando a tus hijos, como ancla, por miedo, por ser cobarde, por no alejar a un hombre al que ya no amas, que ya no te da pasión y que ya ni te respeta, que te ha sido infiel etc. Estás utilizando a los hijos; no lo hagas. Tus hijos no son un pretexto sí van a sufrir, van a llorar, pero diles la verdad te lo van a agradecer y valorar toda la vida.

390. Si le fuiste infiel a tu pareja significa que... significa que, no te valoró, que él o ella te lo hizo antes, y te vengaste. O probablemente eres muy "caliente" y no lo pudiste soportar.

391. Si te da miedo ligarte a una chica significa que... significa que, ya te han "bateado", que sientes de la fregada, ya perdiste la fe en ti mismo, pero ánimo, valórate, amate, quiérete sin que te importe si te mandan a la fregada. Tu inténtalo e inténtalo y vuélvelo a intentar y tarde o temprano una buena mujer, te va a llegar.

392. Si tu pareja y tú ya pelean por todo, por cualquier cosita se mientan la madre significa que... significa que, están ya en una batalla donde nadie gana todos pierden.

393. A tu ex lo obligó la nueva a borrarte de todo de sus contactos y por una simple razón, te tiene miedo.

394. Si ya llevas mucho tiempo sin pareja significa que... significa que, tienes miedo al compromiso, que tienes baja auto estima, o que,

eres muy tímido o tímida, o simplemente que te rompieron el corazón y te dolió tanto que ya no quieres que te vuelva a pasar.

395. Si te rompieron el corazón, si lo destruyeron, lo agarraron y lo hicieron bolita como a un papel, para después aventarlo muy lejos; haciéndote sentir que te morías en vida significa que... significa que, probablemente ahora no quieres saber nada de esa persona, e incluso es muy probable que lo tengas bloqueado o bloqueada, pero ánimo el tiempo lo cura todo.

396. Te volviste loca o loco por él o ella y aún lo estás, solo que, al principio fue porque te encantaba y ahora es porque no puedes creer lo desgraciado o desgraciada que fue contigo.

397. Si tu pareja no te quiere significa que... pues que, no te quiere realmente, eso es muy obvio.

398. El hombre siempre se arrepentirá de haber dejado a la mujer que, después de terminar, se puso bella avanzó y se volvió segura de sí misma.

399. Si te enteras de que tu novio o novia tiene otra significa que... significa que, ya no debería ser tu novio o novia o qué tal vez tú eres la otra o el otro.

400. Ninguna mujer te amara tanto como aquella que, lloró y lo dio todo por ti. Si la perdiste, cometiste un grave error.

401. Si tu ex te cambio por otra u otro significa que... significa que, nunca te quiso y todo fue una farsa.

402. Si te busca después de un tiempo no pienses que reflexionó o cambió, sólo quiere sexo y cree que eres un objeto que puede usar cuando quiera y tú no lo eres no le des el gusto.

403. No le pidas a Dios que llegue una buena relación. Mejor pídele que... cuando llegue, estés preparada o preparado para recibirla y no volverás a sufrir.

404. Si tu hombre te fue infiel y lo perdonaste rápidamente significa que... significa que, él cree que tú eres una muy buena persona, pero tú sabes porque es... seguro ya te vengaste.

405. Si tu novio es tóxico e infiel significa que... significa que, lo va a negar todo absolutamente, y va a tratar de hacerte ver que estás loca para manipularte.

406. Si tu pareja te pide un tiempo significa que... significa que, ya se hartó de ti, le da lástima decirte que, ya no te quiere y que muy probablemente conoció a otra persona.

407. Si tu pareja quiere que cambies significa que... significa que, no se enamoró, de lo que en verdad eres.

408. Quédate con quien te diga esto: "si me dieran a elegir una vez y mil veces más te elegiría sin

pensarlo; porque no hay nada que pensar, ya que no existe, ni motivo ni razón, para dudarlo ni un segundo, tú has sido lo mejor que encontré en este corazón y que entre el cielo y tú yo me quedo contigo".

409. En lugar de querer recuperar a tu ex; mejor comienza por recuperarte a ti.

410. Si de verdad te quiere, te busca, ni siquiera existen las distancias, ni los pretextos, simplemente te encuentra.

411. Si ya quieres que tu ex te deje en paz de una vez por todas significa que... significa que, cada vez que tú le contestas un mensaje, una llamada, para decirle déjame en paz, solo le das más alas para que te busque ella o él; porque ellos se alimentan de tus respuestas, aunque tú ya estás con tu esposa o esposo o nueva pareja. Ya que creen que cada vez que contestas hay una leve esperanza, porque si de verdad quieres alejarlo o alejarla no contestarías nada, solo ignóralo.

412. Si una mujer no quiere luchar más por ti significa que... no significa que haya dejado de amarte, solamente se cansó de esperar y ahora para volverla a conquistar te va a costar un chingo.

413. Si tu pareja te llega a engañar significa que... significa que, es muy probable que reacciones de dos maneras: la manera número uno, es que lo odies tanto que lo dejes de inmediato para poder avanzar con tu vida. La mayoría de las

personas reaccionan de la segunda manera, lo odias tanto, pero por el contrario te aferras más a esa persona. En tu subconsciente dices que es mío o mía y no la quieres dejar ir; por eso no te vas a ir, aunque el dolor es horrible ahí sigues.

414. Si tu relación por desgracia terminó por la cuarentena significa que... significa que, la cuarentena lo único que demostró y detono e hizo explotar algo que, ya venían arrastrando desde hace mucho tiempo.

415. Si no le gustas a tu crush significa que.... significa que, no sabe de lo que se pierde.

416. Si te dice que mereces a alguien mejor significa que... significa que, le da lástima dejarte.

417. Si piensas que no puedes ser feliz sin él o sin ella significa que... eso no es amor eso se llama dependencia emocional.

418. Si de repente volvió a mirar tus historias significa que... significa que, quiere que notes que está atento o atenta a tu vida que te presta atención y te aseguro que no va a tardar mucho tiempo para volverte a escribir.

419. Si te hizo demasiado daño significa que... significa que, no te debes preocupar por lo que te hizo. Ya que lo que te hizo, se lo harán y lo que te dolió a ti a él o ella le dolerá también, pero, seguramente diez veces más.

420. Si vas a quedarte con esa persona, a pesar de todo lo que te ha hecho, "OK." Quédate, pero quédate bien, quédate sin reclamar, aceptando que es alguien infiel, desobligado y desgraciado; de todas maneras, te quedarás. Entonces si te vas a ir, será sin mirar atrás; porque él o la que mira atrás se convierte en estatua de sal y pierde.

421. Si es infiel y aún lo o la amas significa que... significa que, ya deberías dejar de pelear por algo que sabes que no va a cambiar. Resignarse es doloroso, pero si lo o la amas; no lo o la vas a dejar. Entonces deja de pensar en lo malo y concentrarte en lo bueno. ¿Por qué amas esa persona?

422. Si una mujer, ya no te busca o ruega como antes significa que... significa que, ahora si ya valiste madres.

423. Si ya no te gusta tu mujer significa que... que no te preocupes no pasa nada porque a otro le va a encantar y va a disfrutar muchísimo; así que ¡no te preocupes!

424. Si le has llorado mucho a alguien significa que... sólo puede significar que hay muchas emociones fuertes que los unen, pero en su mayoría son emociones de dolor. La solución sería perdonar a esa persona, y perdonarte a ti también, para poder avanzar.

425. Si conoces a un hombre que te dice: ya estoy dejando a mi esposa, a mi pareja en serio, ya no

nos amamos. Sí vivimos y dormimos juntos, pero ella por su lado y yo por el mío. En serio yo ya no la amo a la que amo eres tú, significa que... deberías huir de ahí.

426. Si una mujer te perdona significa que... significa que, lo hizo de todo corazón, aunque también está comprobado que una mujer perdona, pero nunca olvida.

427. Si te está doliendo mucho su indiferencia significa que... significa que al final a él le dolerá más, y no tolerará tu olvido. ¡Recuerda que todo tiene un límite!

428. Si te contesta muy cortante significa que... significa que, ya no quiere hablar contigo, ya no le interesas, pero es una persona amable y la verdad le da lástima; "mandarte a la fregada".

429. Cosas de infieles: las mujeres infieles, no te ocultan al amante, por el contrario, van y hasta te lo presentan como su amigo.

430. Si vas a sufrir por alguien significa que... significa que, sufras bien porque la gran mayoría de las personas quieren saltarse el camino de espinas. ¡Oye! Cómo hago es que no quiero sufrir, pero tampoco quiero que él o ella sufra, o no quiero que mis hijos sufran. ¡No lo puedes evitar! Tienes que sufrir las cosas porque atravesar el camino de espinas es necesario, para que al final llegues a un paraíso solo para ti.

431. Tú lo sabes que tu peor pendejada; fue no tener los ovarios para dejarlo.

432. Si has llorado en silencio significa que... significa que eres una persona tan fuerte, que a veces quieres tragarte tu dolor, mantenerte firme ante los demás, y muchas veces finges una sonrisa, aunque por dentro estás muriendo.

433. Si él o ella te hizo infeliz significa que... pensamos que debemos hacerlo infeliz a él o ella también, pero esto es un error. Entonces no te aferres más a él o ella y no te quedes solo para chingarle la vida. ¡Cuidado!

434. La mujer no hizo ruido cuando se fue, hizo ruido cuando quiso quedarse y tu ni cuenta te diste.

435. Si conociste a una persona prohibida y te enamoraste perdidamente significa que... significa que, vivan el momento, atrévete porque pocas veces pasa algo así. Acuérdate que en la vida solo hay un amor verdadero.

436. Te pudiste haber ido con otro u otra, pero no lo hiciste. Sabes que, esa es la diferencia entre tú y esa porquería de hombre o mujer que tienes si lo hizo.

437. Si lo que quieres es que él o ella sufra y que te ruegue, lo que significa que... significa que, en realidad no lo has superado. Ya que cuando tú superas a una persona, simplemente te vale madres lo que hizo o deje de hacer.

438. Si tú sabes donde vive la que fue amante de tu marido significa que... significa que, vas a tener que ser muy fuerte emocionalmente, psicológicamente para aguantarte y no ir a hacerle un escándalo. Además, al final de cuentas, tú sabes que, no vale la pena rebajarte a su nivel.

439. Si te da miedo volver a enamorarte significa que… significa que ya te han dañado tanto que, temes volverlo intentar. También te han hecho sufrir tanto que obviamente, no quieres pasar por lo mismo. Sin embargo, recuerda que, para aquel que tenga esperanza siempre habrá una nueva oportunidad.

440. Encontraste a tu verdadero amor demasiado tarde. ¿Te ha pasado? A muchos les ha pasado, conocen a alguien en el momento menos esperado y sienten una atracción incontrolable. Descubren que, esa era la persona que siempre estuvieron buscando, pero desafortunadamente; ya estás casado o vive con alguien que ni siquiera quieres o te quieren; pero ya tienen muchos hijos y parece que no hay nada que hacer.

441. Si a pesar de todo lo que te ha hecho no puedes dejarlo significa que... significa que, tienes un vínculo señorial, esto es un término creado por los hermanos Pancardo. Un vínculo señorial; no se puede romper fácilmente, porque es cuando tu pareja se convierte en tu señor, tu amo, o simplemente en tu Dios. En ese momento

cometes un pecado contra ti mismo, porque el único Dios que existe se encuentra arriba y no en tu pareja.

442. Si tu pareja te fue infiel significa que... significa que, debes entender, pero inmediatamente esto: cuando hay una infidelidad, todo lo que habías idealizado de la pareja feliz se ha terminado por completo y para siempre. Es decir, noventa y nueve de cien parejas nunca vuelve a funcionar después de una infidelidad.

443. Si ya le has descubierto muchas infidelidades significa que... significa que, Dios ya no sabe cómo hacerte ver que esa persona no es para ti. Dios ya hizo que lo descubrieras; así que ya no hay forma de ayudarte.

444. Si aún te duele, pero ya no lo necesitas significa que... significa que, ¡felicidades! Estás avanzando.

445. Si te dice que mejor lo dejen para otro día significa que... puede significar que ya se arrepintió de conocerte, pero, lo más seguro, le hablo el ex al cual no lo ha superado.

446. Si conociste a alguien que te encanta, pero ya es casado o casada significa que... que encontraste el amor de tu vida; demasiado tarde.

447. Si te dice que se le olvido contestarte significa que... significa que, ya no estás en sus intereses, cuando a alguien le importas te pone como prioridad. Obviamente, ten cuidado cuando

sucede esto y no lo olvides; porque definitivamente ya no eres su prioridad.

448. Si le cachaste algo en el celular significa que... significa que, realmente tú ya le sospechabas algo desde hace mucho tiempo, sólo lo confirmaste.

449. Si ya quieres dejar a alguien, pero tienes miedo significa que... significa que, seguramente esa persona ya te dominó, te puso el pie encima, te hizo débil, te convirtió en su perrito faldero o faldera; simplemente lo que te digo es que, no lo permitas más.

450. Si una persona te dice: ya no te quiero, no me busques, no me escribas y por favor déjame en paz significa que... lo que tienes que hacer es ya no escribirle, no buscarlo y dejarlo o dejarla en paz, en si a "chingar a su madre".

451. Si tú viviste una ruptura amorosa significa que... significa que, estás sufriendo un dolor tan fuerte que, incluso se puede manifestar en tu cuerpo. A poco no amaneces con el cuerpo adolorido, como si te hubieran dado una golpiza, incluso a veces sufres unas migrañas que son dolores de cabeza aterradores, que no te dejan ni respirar, es un dolor terriblemente fuerte.

452. Si aún te duele tu ruptura amorosa, piensa en esto... piensa que, es tanto una pérdida como una ganancia, porque en realidad perdiste a alguien que te humilló, dañó y tal vez engañó,

entonces sacar de tu vida a esa persona en realidad; es una bendición.

DATOS PSICOLÓGICOS

Comprender el comportamiento humano no es una tarea fácil. A veces las personas hacen acciones difíciles de interpretar, el cuerpo, nuestros gestos, nuestra forma de hablar y de expresarnos, nuestra personalidad y movimientos traen mensajes ocultos que nos pueden llegar a confundir.

Por ejemplo, a veces una sonrisa esconde tu mayor tristeza, a veces la manera en la que nos saludan, la manera en la que nos miran, nos tratan, nos están transmitiendo muchos mensajes que nos ayudaran a identificar la manera de sentir, de pensar y de comportarse de una persona.

Así que en este capítulo tendrás las respuestas psicológicas de la manera de actuar de las personas y lo que quieren comunicarte.

453. ¿Qué les encantan a las mujeres? A las mujeres les encanta que les hagas una cena romántica a la luz de la luna o a la luz de las velas y llegues con flores cuando menos se lo esperan, que siempre llegues puntual a tú cita, aunque ellas no están listas, tú siempre puntual, aunque tarde media hora más, que seas una persona intelectual y ¿por qué no? Que les leas un libro o un cuento, pero recuerda que lo más importante de todo, que cuando te necesite siempre estés a su lado.

454. Psicológicamente, si una persona se ríe mucho, aunque sea de cosas estúpidas es porque en el fondo se siente muy solo.

455. Psicológicamente, una amistad que dura más de siete años durará para siempre.

456. Psicológicamente, cuando realmente amas a una persona significa que... quieres que sea feliz, aunque no sea contigo.

457. Psicológicamente, esto sucede cuando alguien que amamos muere. No solamente se nos destroza el corazón, sino también el alma, el cuerpo se vuelve como gelatina y la vista se satura de las lágrimas que rebosan en los ojos que no se pueden contener. Tanto llanto, la impotencia que corre por tus venas de querer abrir ese ataúd, para que te muestre su sonrisa imposible, tus ganas de darle la espalda a la vida, de tirarte al vacío son tan grandes que te quitan las ganas de seguir viviendo. Aunque no

sea correcto, es la verdad, porque la pérdida más dolorosa del mundo es la muerte de un ser querido y más cuando fue por una enfermedad o inesperadamente por un accidente y es aún más cuando le quitaron la vida, porque realmente ningún ser humano tiene el derecho de quitarle la vida a otro. El que comete esa maldad tendrá que enfrentar la justicia divina y tendrá que encarar a Dios, pero Dios solamente le mostrará la espalda.

458. Psicológicamente, si una persona duerme mucho significa que... es porque está triste.

459. Psicológicamente, la última persona en la que piensas antes de dormir es la fuente de tu felicidad o de tu dolor.

460. Tres *tips* para saber si eres chismoso o chismosa: *Tip* número uno, si eres de las personas que, al recibir una cadena, que dice a veces mentiras o chismes, inmediatamente la compartes con tus contactos, los cuales ya hasta te odian porque mandas un chingo de cadenas entonces, eres chismosa. Número dos, por aquí descubres algo y por allá le cuentas a todo el mundo. Número tres, estás en todos los grupos de *WhatsApp*.

461. Tres *tips* para disfrutar la cuarentena: Número uno, lee un buen libro. Número dos, hacer ejercicio. Número tres, disfruta las cosas locas, haz cosas en familia.

462. Si una mujer está contigo y cruza las piernas hacia ti significa qué... qué le gustas y que quiere algo contigo.

463. Está comprobado científicamente que, si estás con una persona, la cual te está mirando a los ojos y de repente se talla los ojos significa que... que esa persona realmente no quiere verte o tal vez tiene una lagaña o basurita en el ojo.

464. Si se rasca la cabeza al hablar contigo significa que... que está muy nervioso o que no te entendió ni madres.

465. Si ella se agarra o juega mucho con el cabello mientras está contigo significa que... que le gustas.

466. ¿Sabías que las personas con un rostro atractivo tienden a tener relaciones más largas que las que tienen un cuerpo atractivo?.

467. ¿Sabías que estar enamorado es como estar drogado está comprobado científicamente?.

468. ¿Sabías que el corazón roto si existe?, está comprobado que cuando te rompen el corazón, el dolor es tan grande que tu corazón se ve afectado. Así que ten mucho cuidado.

469. Si siempre se toma *selfies* de arriba hacia abajo significa que... es muy egocéntrico, así que ten cuidado, porque en cualquier situación siempre va a ver más por el que por ti.

470. Si tienes arriba de 25 años 26, 30, 35, 40, y sientes que ya te quedaste, que ya no vas a volver a amar significa que... significa que estás en un error, el verdadero amor puede llegar en cualquier momento.

471. Si al estar con él o con ella arruga mucho la nariz y mueve los labios o la lengua significa que... que le desagradas mucho.

472. Si cuando come contigo no te pregunta, si te está gustando la comida significa qué... psicológicamente, significa que es una persona que está acostumbrada a solamente importarle su propio placer.

473. Si cuando ella está contigo te muestra mucho sus muñecas significa qué... psicológicamente, significa que le interesas, es una señal que ella está abriéndose contigo.

474. Si tu único talento en *Tik Tok* es mostrar el trasero significa qué... pues que lo tienes que seguir haciendo.

475. Si siempre te dice palabras bonitas, te alaba, te dice que te ama y cosas así. Pero en sus actos no refleja lo que dice significa que... psicológicamente, significa que esa persona no te quiere. Dicen que el amor se demuestra a través de nuestros actos.

476. Si al estar contigo abre las piernas mucho significa que... psicológicamente, significa que

tiene apertura emocional hacia ti, pero también apertura sexual.

477. Si cruza los brazos al estar contigo significa que... significa que no acepta lo que estás diciendo y que esa persona prácticamente está muy cerrada contigo.

478. Si al estar durmiendo sientes que se te sube el muerto significa que... que no es ningún muerto, de hecho significa que estás durmiendo demasiado o muy poco.

479. Si pareciera que te está escuchando, pero sus pies están apuntando hacia la puerta significa que... psicológicamente, significa que quiere salir de ahí y que no te está pelando para nada.

480. Si quieres saber si le gustas, checa la forma en que te abraza: si te abraza tocando la parte de arriba de la espalda, significa que le vales madre, pero si te abraza en medio, significa que te ve como amigo o amiga, pero si te abraza de la cintura un poco hacia abajo significa que le gustas.

481. Si se te acerca mucho y te rosa constantemente, así como no queriendo significa que... es muy lógico, significa que le interesas, le gustas, que le atraes, pero no sabe cómo decírtelo.

482. Si mira mucho su reloj al estar contigo, significa que... seguramente significa que tiene algo que hacer, pero no se atreve a decirte que ya se tiene que ir. También puede ser que ya no se

esté divirtiendo o que ya no la está pasando bien ahí y quiere buscar un pretexto para irse.

483. Si sabes lo que esa persona siente con tan sólo mirarla significa que... significa que podría ser tu alma gemela.

484. Si lames tu muñeca y luego la hueles; así es como huele tu aliento. Te invitamos a que hagas la prueba; hazlo ahorita, en este momento y escríbenos ¿qué pasó?

485. ¿Sabías que, si estás triste te sucede esto?... tu cerebro se programa y vas a ver a todos los demás más felices que tú. Incluso pensarás que algunas personas se burlan de ti; así que ten cuidado y escríbenos ¿te ha pasado?

486. Si padeces de insomnio; puede ser una bendición, porque se ha comprobado científicamente que las personas que son muy inteligentes en la noche aflora su creatividad y por eso les cuesta mucho trabajo dormir.

487. Si no hace contacto visual contigo significa que... está muy nervioso o tal vez oculta algo. Lo más seguro es lo segundo, oculta algo. Cuando mentimos, engañamos es cuando buscamos algún pretexto o alguna mentira en nuestro cerebro, por eso movemos mucho nuestra mirada; porque nos da miedo a cagarla más.

488. Si tu pareja te muerde mucho significa que... significa que te quiere devorar, le desesperas, le gustas tanto, le apasionas y ya no sabe qué hacer entonces, te muerde.

489. Si alguna vez has tenido un *Déjà vu* significa que... significa que podría ser algo que tu cerebro recuerda, una situación que fue muy similar a la actual. También puede significar que es la predicción del futuro de algo que está por suceder o simplemente puede ser algo que soñaste.

490. ¿Sabías que, si haces reír a una mujer tendrás más posibilidades de conquistarla?. El humor es asociado a la honestidad y a la inteligencia.

491. Si se te durmió el brazo o una pierna haz esto: gira tu cabeza de un lado a otro y en menos de un minuto se te habrá quitado esa sensación.

492. Si eres adicto al porno significa que... significa que por ahí tienes un vacío emocional y lo tratas de llenar con eso que te provoca demasiado placer visual.

493. Si se fija más en tu cara que en tu cuerpo significa que... psicológicamente, quiere algo más serio contigo, pero si se fija más en tu cuerpo quiere algo más pasajero.

494. ¿Sabías que la palabra karaoke significa que... en japonés significa sin orquesta: "KARA" O "KE"?.

495. Si tu red social favorita es *Tik tok* significa que....
significa que eres divertido, te gusta lo que es
divertido, eres extrovertido, te gusta usar la
imaginación, eres positivo, te gusta la
innovación y te gusta estar actualizado; pero,
sobre todo, que ya estás viendo el futuro y la
Red social que le va a romper la madre a todas.

496. Si se te arrugan los dedos al estar en el agua
significa que... psicológicamente, te estás
volviendo viejito, no es cierto, la realidad es que
es un sistema de defensa de nuestro organismo,
que pone los dedos arrugaditos, para que
puedas agarrar con mayor facilidad las cosas
mojadas.

497. ¿Sabías que hay estudios que indican que las
personas que se levantan a las siete de la
mañana o siete y media de la mañana, son más
felices, pero también son más delgadas o
delgados? así que pues a levantarte temprano.
¡Órale párate!

498. Si alguna vez has estado a punto de morir o
alguien que tú conoces ha estado a punto de
morir significa que... que, si fuiste tú ya sabes
valorar lo que es la vida y lo frágil que puede
ser; ya que en cualquier momento podemos
perderla.

499. Si alguien estuvo a punto de morir, que tú
conoces, significa que... ahora lo valoras más y
peleas menos por estupideces. ¡De eso estamos
completamente seguros!

500. Si por alguna razón te tienes que desvelar, debes mantenerte despierto, obviamente significa que… significa que una muy buena taza de café te va a ayudar mucho, pero sobre todo una manzana. Está comprobado que una manzana te mantiene despierto durante bastante tiempo.

501. Si te toca el hombro, el antebrazo o te habla al oído significa que… significa que, esa persona es más propenso o propensa a hacer algo bueno para ti, así que observa bien por ahí ya que ese alguien podría ser un buen amigo o buena amiga.

502. Si eres desordenado o desordenada en tu casa, es decir que entras y tienes un reguero por todos lados y que está todo mal hecho significa que… cómo eres en tu casa así es tú vida. ¿Quieres conocer cómo es la vida de una persona? entra a su cuarto, entra a su casa, todo puerco, todo mal hecho, seguramente su vida es un verdadero caos.

503. ¿Sabías que tu mente es capaz de sentir cuando alguien te está mirando? ¿te ha pasado que a veces estás volteado y no estás viendo a nadie, pero sientes la mirada de una persona? Está comprobado que incluso cuando alguien está dormido o dormida puede sentir SI alguien le está mirando. ¡Aguas!

504. Cuando decimos psicológicamente significa que… significa que estamos hablando de la

manera de pensar y de comportarse de una persona, o un conjunto de personas. No necesariamente, es un estudio psicológico, sino que es un comportamiento del ser humano.

505. Si tú eres un hater significa que... significa que, podrías tener problemas para controlar la ira sobre tu inseguridad y baja autoestima ¡aguas con eso!, pero al final gracias porque ¿qué haríamos las personas exitosas sin los haters?, o ¿que sería de Batman sin el Guasón?.

506. Si te pica mucho la garganta haz esto... ráscate el oído derecho y se te quita pruébalo y escríbenos.

507. Si te gusta mucho hablar con sarcasmo significa que... significa que, estás incrementado tu capacidad de aprendizaje, creatividad y de resolución de problemas, eso es bueno.

508. ¿Sabías que cuando tu perrito se te queda mirando significa que... significa que está comprobado que sienten lo mismo que sentimos cuando nos enamoramos?, por eso son tan lindos los perritos. ¿Tú tienes uno?...

509. Si tienes un amigo o una amiga con derechos significa que: significa que te gusta el amor, el placer, pero prefieres tu libertad y sobre todo que no te estén chingando.

510. Si eres muy adicto o adicta al Internet significa que... significa que podría ser que eres una persona muy deprimida y solitaria. Mejor

atrévete a hacer cosas nuevas, el Internet es chingón, a nosotros también nos encanta, pero también atrévete a salir, sal con tus amigos, juega al fútbol, juega algún deporte, vete a nadar, haz actividades al aire libre y te aseguro que te sentirás mucho más feliz.

511. ¿Sabías que dicen por ahí que tu pierna mide lo mismo que tu antebrazo? ¡Míralo! y dinos si es verdad.

512. Si quieres aprenderte algo porque vas a tener un examen, una presentación, una exposición y dices nada se me queda, haz esto: mientras estés estudiando, lo único que tienes que hacer es apretar tu mano derecha con mucha fuerza para seguir estudiando. Mantén la mano apretada mientras estudias. ¡Pruébalo y escríbenos si funciona!

513. Si piensas mucho en sexo significa que... significa que es muy normal; fíjate que está comprobado que los hombres pueden tener hasta 380 pensamientos sexuales en un día y la mujer hasta 140.

514. Si te ignora la persona que te gusta, significa que... significa que la reacción de tu cerebro es tan fuerte como si te dieran un golpazo. Es por eso por lo que nos duele tanto que nos ignoren.

515. ¿Sabías que un amor apasionado puede reducir el dolor; similar a como si te tomaras un analgésico o hasta una droga?.

516. Si tu pareja es muy empalagosa significa que... significa que te quiere muchísimo y a través de esa experiencia, cuando esa persona te abraza reduce su nivel de estrés y además su corazón vibra muchísimo más cuando estás a su lado.

517. ¿Sabías que las personas que mienten mucho tienden a ser más infelices que las personas honestas?.

518. Si despiertas entre siete u ocho de la mañana significa que... significa que eres una persona muy bien organizada, aunque a veces sueles dejar olvidado algo en tu casa.

519. Si despiertas entre las cinco o seis de la mañana significa que... significa que, eres muy disciplinado, probablemente te encanta el café, y te encanta siempre llegar puntual.

520. Si te da un beso solamente en uno de los labios, solamente en uno, significa que... significa que te está transmitiendo mucha comprensión, mucha calma y mucho cariño.

521. Si te beso en la mejilla significa que... significa que, es el beso símbolo de la amistad. Sin embargo, si la persona que te gusta siempre te da el beso, muy en la mejilla significa que, no quiere nada serio contigo, pero si te da el beso cerca de los labios significa que le interesas.

522. Si casi siempre duermen de cucharita significa que... significa que la mujer está dando más en

la relación que el hombre y que a ella le gusta sentirse protegida mientras duerme.

523. Si tu pareja te besa con la boca cerrada significa que… significa que, tal vez aun no esté dispuesto o dispuesta a abrirse bien contigo. También puede ser que este encabronado o encabronada y tiene una cerradura emocional.

524. Si te besa apasionadamente significa que… significa que, quiere algo más contigo.

525. Si guardas tus manos en los bolsillos del pantalón dejando el pulgar afuera significa que… significa que, eres una persona insegura, aunque no lo creas. Observa, ni está dentro, ni está fuera por eso eres una persona insegura e indecisa.

526. Si cuando te habla esa persona, te apunta con el dedo significa que… significa que, es muy agresivo, tiene sentimientos fuertes, hacia ti y te quiere dominar.

527. Si te gusta tragarte el semen significa que… significa que, tu novio te lo pidió, o que te gusta mucho y también puede ser que seas muy inteligente y sabes las propiedades que tiene el semen. ¡Hazlo!

528. Si te gusta solamente por su físico significa que… significa que, solamente es atracción y erotismo; sin embargo, todo llega a aburrir. Hasta la persona más bella, hermosa,

inteligente, o sensual; así que fíjate que no sólo sea erotismo lo que sientes por esa persona.

529. Si naciste entre el 2005 y 1995 significa que... significa que eres de la generación Z; así como Dragon Ball Z. Eres chingón para las imágenes, eres más realista y formas parte del 25.9% de la población mundial, es decir, formas parte de la mayoría del planeta así que, eres chingón o chingona.

530. Si solamente sigues solo a personas hermosas en Tik Tok y solamente porque son hermosas significa que... pues significa que, eres una persona sumamente superficial, y que en el fondo solamente los sigues, porque quisieras estar físicamente como esa chica o como ese chico atractivo y al final pues solamente vas a sentirte más vacío, porque cuando mires al espejo solamente vas a compararte con esa persona. Así que nuestro consejo es que vas a seguir a alguien que no sea solamente por su cara o su cuerpo bonito, mejor que sea por el contenido que le está dando a tu vida.

531. Si ríes mucho significa que... significa que, podría ser un mecanismo de defensa. Es muy padre reírnos, pero cuando ríes constante, por cualquier cosa, hasta cuándo te va de la chingada, es un mecanismo de defensa que hace tu cuerpo para que no te sientas tan mal o simplemente igual y eres feliz y ya.

532. Si vas a hacer el mandado y se te olvida llevarte tu bolsa significa que.... significa que ya valiste madres; porque ya ni en Chedraui, ni Aurrera y en ninguna otra tienda te dan bolsas. En algunas ya no hay ni cerillos. ¡Así que te la pelas!

533. Si quieres que te conteste un famoso en *Tik Tok* haz esto: busca sus publicaciones con menos *likes*, con menos comentarios, con menos reproducciones, ahí va a ser más fácil que te vea, cuando le escribas etiquétalo, no nada más escribas a lo menso, eso es muy importante y sé de las primeras personas en publicar su post.

534. Si tu profesor es muy regañón significa que... significa que, seguramente no le gusta ser profesor y eso está de la chingada.

535. Si tienes un perro significa que... significa que, tienes a alguien muy incondicional, tienes un peludo incondicional que te va a querer como seas tú y siempre va a estar dispuesto incluso a dar la vida por ti, pero si te refieres a tu novio pues ya valiste.

536. Si tu pareja y tú duermen abrazados así de frente significa que... significa que, están totalmente conectados uno con el otro generalmente sucede en los primeros años de relación.

537. Si tienes un iPhone significa que... significa que, te gusta lo más exclusivo, te gusta seguir las tendencias y sobre todas las buenas marcas.

538. Si fuiste a comprar y se te olvidó el cubre bocas significa que… significa que ya valiste madres no te van a vender nada porque ahora es así con esa ley.

539. Tu pareja tiene el pene pequeño significa que… significa que, se esforzará más en complacerte en el sexo oral, será más sencillo ya que puede hacértelo más duro sin que duela y te hará unos trabajos excelentes para compensarlo.

540. Si hay mujeres más bonitas que tú significa que… que siempre va a haber alguien más bonita que tú, pero eso sí, jamás habrá alguien exactamente igual a ti ¡Valórate!

541. Si caminas recto significa que tienes una actitud positiva y podrías ser un gran líder, sin embargo, si caminas encorvado significa que tienes baja autoestima.

542. Si cuando te cuenta algo te mira sin parpadear significa que: significa que es muy probable que te miente y aguante para que su mentira sea más convincente.

543. Si levanta la ceja cuando te dice algo significa que: significa que está incómodo está incómoda contigo y solamente la levanta para fingir que le agradas.

544. Tres *tips* para saber si te quiere besar: Número uno, cuando te mira moja sus labios. Número dos, se muerde el labio. Número tres, nada más te está viendo los labios y se acerca mucho a ti.

545. Si tu relación terminó significa que: significa que seguramente faltó atención y comunicación o probablemente hubo una infidelidad.

546. Si tu posición preferida es la del misionero significa que... significa que, te gusta el contacto visual, si eres hombre te gusta el dominio, pero si eres mujer te gusta lo relax o es probable que incluso reprimas tus fantasías o significa que eres muy huevón.

547. Si quieres saber si le gustas significa que... significa que tendrás que abrir bien los ojos, darte cuenta si esa persona muestra interés por ti, si habla de ti, platica de ti o comenta de ti con tus amigos. Si cuando cuentas un chiste y el chiste es horrible pero aun así se ríe de ti, quiere decir que le gustas y le interesas.

548. Si imita tus movimientos significa que... que le agradas, que le caes muy bien y hasta puedes gustarle mucho.

549. Si ella te manda muchos mensajes Hot pero la acabas de conocer significa que... significa que, anda bien caliente y que tiene ganas de hacerlo así que aprovecha la oportunidad, no seas pendejo.

550. Si se rasca la nariz cuando te ve significa que... significa que, es muy probable que te esté mintiendo e inconscientemente se está cubriendo.

551. Si le gustas a una chica, pero tiene novio significa que... significa que, no lo quiere tanto así que tienes muchas oportunidades de bajársela.

552. Si te besa en el párpado significa que... es el mejor beso, conocido como el beso de ángel y que te está demostrando seguridad que te quiere proteger y te está demostrando que cuando lo necesites o la necesites esa persona siempre va a estar ahí para apoyarte.

553. Si naciste entre el 75 y el 90 significa que... significa que eres *millennial* sabes comunicarte mejor con texto, te gusta sobresalir y te enfocas en el presente.

554. Si no te gusta el reggaetón significa que... significa que es muy probable que seas muy puritano o puritana ya que el reggaetón generalmente habla de mucho sexo. También psicológicamente, puede significar que te gusta aferrarte al pasado y no te gustan los cambios.

555. Si te atacan en Twitter significa que... significa que es muy normal, es la red social de crítica por excelencia. Hay mucha gente negativa y muchas cuentas que se dedican a eso.

556. Si después de hacerlo el hombre se queda dormido significa que... puede significar dos cosas: el número uno es que, si se queda dormido rápidamente, así como al minuto, pues solo te utilizó para su placer esa es la realidad. La segunda: si se queda dormido, pero antes de

quedarse dormido primero te da unos besitos, te abraza platica contigo, aunque sea unos minutos y después se queda dormido, ahí si significa que es algo muy normal, generalmente después de hacerlo da mucho sueño.

557. Si piensas mucho en una persona significa que... significa que también esa persona está pensando muchísimo en ti y a través de su emoción y por ley de atracción aparece en tus pensamientos.

558. Si una chica no quiere salir contigo por algún motivo significa que... significa que no quiere salir contigo y que feo que sigas chingando, hostigándola, no le gustas, no le interesas o tal vez no la agarraste en un momento adecuado como para conocer a otra persona, así que ya déjala.

559. Si tu color favorito es el azul significa que.... significa que te gusta la simpatía, la armonía, la fidelidad y buscas mucho tu paz además también te gusta ayudar mucho a las demás personas.

560. Si te hacen *bullying* significa que... significa que la mayoría no quería hacerte *bullying;* se hizo un estudio donde pusieron muchos chicos que hacen *bullying* y les dijeron "escriban un mensaje ofensivo a esa persona que molestas, lo escribieron y cuando iban a mandar el mensaje les dijeron: no lo mandes, vuélvelo a leer", el noventa por ciento de la gente que

volvió a leer su mensaje ofensivo ya no quiso mandarlo. ¿Entonces qué es lo que pasa? la gente que lo hace simplemente no piensa bien las cosas y generalmente la gente que hace *bullying* y se sentía muy chingona, el noventa por ciento son unos perdedores ahora.

561. Si tienes un hijo bebé o un sobrinito bebé significa que... significa que ya no vas a tener que enseñarles a manejar cuando ellos tengan 18 años ya no va a ser necesario porque ya los autos en los que nos movamos prácticamente van a andar solos.

562. Si tu color preferido es el rojo significa que... significa que te gusta lo prohibido, apasionado y eres alguien seguro de ti mismo o de ti misma y prefieres la acción a la reflexión.

563. Si llora mostrando su cara significa que... significa que es totalmente falso. Cuando una persona llora de verdad rápidamente oculta las lágrimas y se agacha.

564. Los cinco mejores lugares para ligar chicas son: Número uno, en el supermercado, número dos, en un recorrido turístico, imagínate que padre tienen algo en común y esa es la mejor forma para iniciar una conversación, número tres, en las redes sociales, esa ya la sabes, número cuatro, en el gimnasio y número cinco, en una reunión de amigos, en una reunión estás con gente, que convives, que te conocen, que conoces, se presentan y se conocen.

565. Si un amigo o amiga te dejó de hablar así de repente significa que... significa que, te quiere castigar con su silencio, con su indiferencia y eso no es de amigos. Entonces a lo mejor nunca fue amigo.

566. Si a pesar de dormir mucho y a tus horas; algunas veces hasta de más, aun así, amaneces cansado significa que... significa que, probablemente te están robando tus energías. Hay gente que tiene muy malas vibras y por eso no puedes descansar. ¡Ponte al tiro! Porque puede ser que una persona muy cercana te esté echando muy mala vibra.

567. Si hablas mucho con groserías significa que... significa que, te gusta expresar tus emociones y no esconder quién eres. Siempre eres tú mismo sin importar lo que te digan los demás, o simplemente eres mexicano o mexicana y te vale ver....

568. Si tienes un papá o una mamá que da muchas órdenes y siempre creen tener la razón significa que... significa que, tienes un padre o una madre narcisista. Esa gente que solamente su opinión importa y no dejan participar a nadie en las cuestiones familiares y eso es terrible. Sin participación jamás habrá compromiso.

569. Si alguien te odia significa que... significa que, le hiciste mucho daño o que te envidia demasiado, lo mejor es siempre alejarse de esa persona.

570. Si cruza las piernas al estar contigo significa que... significa que, está totalmente cerrado contigo; a menos que su pie esté apuntando hacia ti.

571. Dicen que las niñas buscan en una pareja a su papá; ya sea emocional o físicamente, pero buscan a su papá. Es probable que con la pareja que tuviste buscabas a tu papá, pero si no tienes pareja, sigues buscando a alguien parecido a tu papá; en si alguien que te proteja. ¿Tú qué opinas?

572. Si quieres que sueñe contigo la persona que te gusta haz esto: una hora antes de dormir, por favor recuerda todos los momentos bonitos que has pasado con esa persona y si no los has pasado imagínate momentos felices al lado de esa persona. En seguida ruégale y pídele a Dios con mucha fe que por favor eso suceda y acuéstate a dormir.

573. Si te besa en la frente significa que... significa que se siente muy a gusto contigo, se siente en paz contigo y además te respeta demasiado.

574. Si bosteza al estar contigo significa que... puede significar dos cosas: uno, que no durmió bien y se esfuerza mucho para entender tu conversación y número dos, le aburres demasiado. ¿Cuál de las dos crees que es?

575. Si te besa apasionadamente significa que... significa que, es el inicio de algo muy grande o muy pronto van a hacer el amor.

576. ¿Sabías que, cuando nos sentimos amenazados apretamos mucho la mandíbula? Es un instinto que los humanos traemos como símbolo de supervivencia.

577. Si se ríe mucho contigo significa que... significa que, le importas demasiado y más cuando se ríe de chistes que ni siquiera tienen un chiste.

578. Si te mira a los ojos cuando habla significa que... significa que, a esa persona le interesas; sin embargo, cuando es una persona que acabas de conocer, puede resultar algo amenazante y puedes sentir extremadamente incómoda.

579. Si te gusta la música de Luis Miguel significa que... significa que, te gusta el mejor cantante que ha dado México de todos los tiempos.

580. Si tu posición preferida es la de cucharita significa que... significa que, te gusta disfrutar de un ritmo lento, sabroso y que te gusta disfrutar cada momento con tus parejas al hacerlo.

581. ¿Sabías que las mujeres sufren más de depresión que los hombres?, así es, por cada dos mujeres con depresión, solamente hay un hombre.

582. Si comes demasiado y no lo controlas significa que... significa que, podría ser un estado que refleja tu tristeza, tu depresión, tu angustia, tu ansiedad, o simplemente te gusta tragar.

583. Si quieres llevar a cenar a una mujer significa que... significa que, no le vayas a preguntar ¿a dónde vamos mi amor? Lo que le vas a decir es lo siguiente: ¿A dónde crees que te voy a llevar a cenar? Y ella va a contestar el lugar donde realmente quiere ir y le dices justo ahí te iba a lleva.

584. Si cuando sonríe sus ojos se arrugan como chinito significa que... significa que es una sonrisa sincera, pero si cuando sonríe no se arrugan significa que es un hipócrita.

585. Si duras poquito tiempo cuando te masturbas significa que... puedes ser precoz, así que mejor entrénate y ve aguantando cada vez un poquito más, esto puede ser un gran entrenamiento, para cuando de verdad entres a la acción.

586. Si algún enemigo o enemiga siempre ve tus estados o historias significa que... significa que, está al pendiente de ti para ver en que la riegas y atacarte. ¡Por favor bloqueado!

587. Si le vas al América significa que... significa que, te gusta ser odiado, te gusta lo bueno y lo exclusivo.

588. Si hablas dormido o dormida significa que... significa que, probablemente vives con mucho estrés, ansiedad o quieres expresar algo que no te atreves cuando estás despierto o despierta.

589. Si le robas las sudaderas a tu novio significa que... significa que, lo extrañas mucho, quieres

recordar su olor o también puede significar que te gusta coleccionar las sudaderas de todos los novios que has tenido.

590. Si eres enfermera o un enfermero significa que... significa que, eres un héroe o heroína, una persona que está sacrificando su propio bienestar, por el bien de los demás y eso es lo más grande que puede hacer una persona. Hoy en día los superhéroes no usan capa roja usan trajes blancos.

591. Si quieres que se obsesione contigo significa que... que estás cometiendo un gran error, porque una persona obsesiva es muy peligrosa, y sobre todo después es casi imposible deshacerse de esa persona.

592. Si sospechas que te han estado poniendo los cuernos, significa que... significa que, probablemente te están poniendo los cuernos; ya que una corazonada rara vez se equivoca.

593. Si conociste a alguien significa que... significa que, todo pasa por algo; quizás vas a necesitar a esa persona en algún momento o esa persona te va a necesitar a ti.

594. Si le caes gordo a alguien significa que... significa que, no te importe tanto, ya que esa persona no soporta verte brillar.

595. Si eres soltero o soltera significa que... significa que, tienes que aprovechar, bailar, gozar y besar a muchas personas; porque después te

van a atrapar tanto que jamás lo podrás hacer otra vez. ¡Valora tu soltería!

596. Si conservas alguna ropa u objeto de tu ex significa que... significa que, tienes un pretexto para buscarlo o hacer que te busque, porque una parte de ti, aún no lo ha superado.

597. Si tu posición favorita es estar arriba significa que... eres muy controladora, te gusta llevar el ritmo y además que eres un poco egoísta, porque solo ves por tu interés.

598. Si se toca mucho la barbilla cuando está hablando contigo significa que... significa que, esa persona está muy interesada/o en lo que estás diciendo o se lo está cuestionando porque tiene dudas sobre ti.

599. Si hueles a tu novio cuando lo ves significa que... que tú dudas mucho de él porque le has cachado olores de otras mujeres, o que simplemente te encanta su olor. ¿Tú cuál crees que sea?

600. Si te deja en visto significa que... que está muy enojado o enojada contigo o simplemente ya le vales madre.

601. Si quieres ser atractiva para él significa que... muy simple, significa que primero debes ser atractiva para ti misma.

602. Si tu letra es fea, horrible, y una porquería significa que... bueno pues significa que, eres

muy inteligente. Esto basado en un estudio muy importante que reveló que las personas con letra fea son más inteligentes que las personas que tienen letra bonita.

603. Si cuando le preguntas algo mira hacia su derecha y hacia arriba significa que... significa que, te está mintiendo y está fabricando la historia de esa mentira.

604. Si te gustan los piropos significa que... significa que, te encanta que te digan lo bonita que estás y que te alaben.

605. Si te lleva a un motel en la primera cita significa que... significa que, no quiere nada serio, pero también puede significar que tú tampoco quieres algo serio por eso accediste a ir.

606. Si ya no quieres estudiar significa que... significa que tal vez es lo mejor, porque ya no quieres hacerlo. Además, muchas veces la escuela ya no sirve para nada.

607. Si juega mucho con su cabello cuando está contigo significa que... significa que, la pones nerviosa, haces que su corazón lata más rápido, y en pocas palabras le impacta tu presencia.

608. Si eres de Culiacán significa que... significa que, te gustan los corridos y que la mayoría habla como si estuvieran enojados.

609. Si le vas al Cruz azul significa que... significa que, eres una persona que nunca pierde la esperanza y sabes que valió la pena.

610. Si tu maestro sólo te dicta y siempre te dice que memorices y le vale madres significa que... significa que, es un maestro mediocre que, no le importa ni le gusta lo que hace, solamente va por su quincena.

611. Tres apodos que le gustan a los hombres: número uno cariño, número dos papito: y número tres guapo.

612. Si te importa mucho lo que digan los demás de ti significa que... significa que, estás destinado o destinada a sufrir, porque lo más importante es lo que opinas tú de ti mismo.

613. Si padeces de insomnio significa que... significa que, vives atrapado o atrapada en el miedo, en el estrés, en las preocupaciones, o extrañas demasiado a alguien.

614. Si duermes demasiado significa que... significa que, tu vida no te gusta y que duermes para escapar de la realidad.

615. Si cuando habla contigo se tapa la boca significa que... significa que, estuvo a punto de decirte algo, pero se arrepintió.

616. Si te bloquea de sus estados significa que... significa que, está muy encabronado o

encabronada contigo, o que simplemente ya no quiere saber nada de ti.

617. Si a la hora del examen se te olvidan las cosas significa que… significa que, estudiaste al último momento, aprendiste solo para el examen o tienes mucho miedo de reprobar el examen, que te ganaron los nervios.

618. Si cierra los ojos mientras lo hacen significa que… que está totalmente enfocado o enfocada en sentir al máximo un orgasmo; o que está pensando en alguien más, porque ya lo o la aburriste. ¿tu cuál crees que sea la verdad?

619. Si quieres que se enamore perdidamente de ti significa que… significa que, tú eres el o la que, ya se está enamorando perdidamente. ¡cuidado!

620. Si eres de Monterrey significa que… significa que, le tienes una especie de odio y amor a la música de banda, cuando está la fiesta bien que la bailas, aunque digas que no te gusta, odias que te digan que eres codo o coda sólo porque eres de Monterrey, pero eso sí, te encanta la carnita asada y esa es la mejor.

621. Si tu novia es muy interesada significa que… significa que te va a querer muchísimo mientras tengas con que comprarle sus lujos, lo que desee, pero cuando no tengas nada te va a mandar a la chingada.

622. Si te cierra el ojo significa que… significa que, esa persona está de acuerdo con lo que estás

diciendo, compagina con tus ideas y probablemente sea un signo de que le has gustado.

623. Si una mujer llega al orgasmo cuando está arriba de ti significa que... significa que, ella hizo todo el trabajo no te hagas ilusiones.

624. ¿Sabías que el corazón de una mujer late más rápido que el corazón de un hombre?. Tal vez, por eso las mujeres son capaces de dar un amor más incondicional y romántico.

625. Si quieres que esa persona de verdad te extrañe la clave es muy sencilla, pero difícil de aplicar. La clave es que tú no extrañes a esa persona, significa que tú tengas una vida fuera de esa persona, vida interesante y feliz, aunque no sea con esa persona.

626. Si hablas bajito y lento significa que... significa que, eres una persona un poco introvertida, tal vez te encanta la soledad, pero por supuesto, te caga que te digan habla más fuerte, pero pues ni madres, tú así hablas, ¡que se aguanten!.

627. Si tu color preferido es el rosa significa que... significa que, eres dulce delicado y cursi y qué buscas también la aprobación de las personas.

628. Si eres una mujer que se arregla mucho significa que... significa que te gusta competir con las demás mujeres, te gusta mostrar que tú puedes y eres la más hermosa, te gusta mucho

estar a la moda y verte excelente o tal vez quieres deslumbrar a alguien.

629. Si te da un beso con mordida significa que… significa que esa persona es muy sensual y que tú también eres muy atractivo o atractiva para esa persona es la forma en la que muestra su deseo para llegar a algo más.

630. Si él fuma un cigarro después de hacerlo significa que… significa que es una persona muy aventurera y muy platicador y por ende le encanta platicar después de hacerlo.

631. Si te masturbas mucho significa que… significa que probablemente seas una persona muy aislada que esconde su dolor, traes una bronca muy fuerte y a veces, esa es una forma de escapar de ese dolor.

632. Si tu novio es muy codo significa que… significa que ya desde ahorita ya debes de mandarlo a la fregada a menos que quieras olvidarte de viajes, regalos bonitos, cenas lujosas… para esa persona siempre será su prioridad cuidar su bolsillo y no a ti.

633. Si cuando te besa cierra los ojos significa que… significa que eres tan hermoso o tan hermosa que no puede concentrarse en ambas cosas.

634. Si una persona te dice… ya no me busques, ya no me escribas, ya no te quiero y déjame en paz significa que… significa que, ya no lo busques ya

no le ruegues ya no le escribas ya no te quiere a chingar a su madre, pero de verdad y aguanta.

635. ¿Sabías que el pene de un hombre mide tres veces lo de su dedo pulgar? así que para cuando conozcas a un chico fíjate en sus manos dicen por ahí.

636. Si quieres recordar lo que estudiaste, lo que tienes que hacer es un buen truco: vas a hablar en voz alta aquello que quieres memorizar, en voz muy alta y lo vas a grabar en tu celular, después lo vas a escuchar. Pruébalo y escríbenos qué tal te funciona.

637. Si hablas solo significa que… significa que, eres muy inteligente y analítico, tus pensamientos superan tu realidad o puede significar que estás un poco loco.

638. Si te gusta Shakira significa que… significa que, amas la forma en la que mueve las caderas te gusta el estilo tan peculiar que tiene de cantar, que en realidad es extraordinario y probablemente no sabías que ella por su estilo de cantar nunca fue aceptada en el coro de su escuela.

639. Si te llega a gustar alguien que no es tu pareja significa que… significa que, es normal te pueden llegar a gustar muchas personas, pero eso no significa que estemos con estas personas. ¿Para ti cuando empieza una infidelidad? cuando se escribe, cuando se

piensa en alguien más o cuando ya están quedando de verse.

640. Si a tu pareja le gusta agarrarte por detrás significa que... significa que es un poco posesiva o posesivo, que le gusta que todos vean que eres suya que eres suyo y que nadie más pueda tenerlo.

641. Si hablas muy rapidito significa que... significa que tienes una mente muy acelerada, eres muy inteligente y te gustan las cosas a la De YA.

642. Si crees en fantasmas significa que... significa que alguna vez te han espantado, alguna vez te ha pasado algo paranormal y nadie te creyó, pero ¿tú crees en fantasmas o no?

643. Si te bañas diario significa que... significa que eres amante de estar limpio, odias a la gente que huele mal y te gusta sentirte todos los días bien activo y bien activa.

644. Si se despide de ti y aún está en línea significa que... significa que es probable que también se esté despidiendo de otras u otros y tienes mucha competencia.

645. Si te da pena hacer *Tik Tok* significa que: significa que creciste con muchos miedos, con muchas inseguridades, te da mucha pena el qué dirán, vives del qué dirán y también le tienes mucho miedo al fracaso.

646. Si tu pareja no hace lo que tú quieres significa que: significa que no te ama… no es cierto, no mames no la vayas a cagar, no todas las parejas deben de hacer lo que uno les ordena o quiere.

647. Si se te olvidan las cosas y siempre tienes dudas de todo significa que… significa que podrías ser un genio, una persona que tiene a veces su mente muy ocupada, por eso se distrae con facilidad, aparte que la mejor parte de aprender siempre es cuestionándonos las cosas, así que si tú eres así estás destinado probablemente a ser un genio.

648. Si te gusta hacer ejercicio significa que… significa que has descubierto el elixir de la felicidad, hacer ejercicio nos provoca endorfinas que es la droga que nos levanta el ánimo, que nos alivia el dolor, nos hace sentir bellos y bellas ¡haz ejercicio!

649. Cuando te dice una persona algo que no te gusta significa que… significa que debes quedarte callado o callada, discutir con una persona que no va acorde a nosotros, es una pérdida de tiempo.

650. Si estás en un grupo de WhatsApp, están hablando mal de alguien significa que… significa que, cuando tú no estás, también hablan mal de ti.

651. Si duermes boca abajo significa que… significa que estás cometiendo un grave error estás durmiendo en una posición que te provoca

muchísimo malestar en tu espalda, muchísima incomodidad y al otro día por eso amaneces cansado.

652. Si tus amigos de verdad te aman, significa que... significa que aparte de estar en tus momentos de diversión y en tus momentos buenos también estarán en tus momentos más tristes y dolorosos, no tendrás ni siquiera que llamarles, ellos al verte triste estarán ahí.

653. Si ya pelean por todo significa que: significa que ustedes dos ya están en una batalla, una batalla en la que nadie gana, todos pierden y los que más pierden van a ser los hijos. ¿Quién será el más sabio? el más sabio será el que ya se aleje definitivamente del otro.

654. Si te bañas por las noches significa que... significa que te gusta dormir relajado, dormir rico, calientito, eliminar un poco el estrés y que te da hueva obviamente bañarte en la mañana.

655. Si te pide tu número significa que... significa que le gustaste mucho que le encantaste tanto que no puedo esperar ni un minuto más para conocerte.

656. Si en la escuela tuviste promedio de entre 7 y 8 significa que... significa que tienes muchas más probabilidades de tener éxito, aunque no lo creas, un estudio reveló que la mayoría de las personas triunfadoras tuvieron ese promedio entre 7 y 8 y aparte de que esas personas

cuando recordaron su infancia tuvieron registros más altos de felicidad.

657. Si crees que duras más de 15 minutos en la cama significa que... significa que probablemente estás muy equivocado se hizo un estudio y el 90% de los hombres duran entre 5 y 7 minutos ¿cómo la ves?

658. Si te desvelas mucho significa que... significa que, tienes altos niveles de creatividad y de inteligencia hasta el grado que se desbordan y entonces en la noche te agarra el insomnio porque no puedes controlar tantos pensamientos, tantas ideas.

659. Si duermes con alguien que amas significa que... significa que te sentirás más feliz, dormirás más a gusto y despertarás más contento.

660. Si eres de Puebla significa que... significa que eres catalogado como que eres mamón, aún sin conocerte, significa que te encanta el mole, las carnitas, los tacos árabes y las semitas, pero además que eres un piPope: una pieza poblana perfecta y que probablemente te gusta el camote.

661. Si te gusta mucho la pizza significa que... significa que te gusta mucho las mezclas de sabores lo dulce con lo amargo con lo picante incluso con lo ácido, te encantan los carbohidratos o viste mucho de las tortugas ninja.

662. Si te gustan los hombres gorditos significa que... significa que, buscas una pareja estable, una persona en quien confiar y no lo decimos porque sea gordito, sino porque, acuérdate que las niñas, las mujeres muchas buscan a su padre o una imagen parecida a su padre que sea confiable.

663. Si tú quieres bajar de peso y a la vez disfrutarlo significa que... significa que tienes que hacer el amor dos veces al día. Si tu pareja, tu esposo, tu esposa ya no quiere hacerlo, no te preocupes, por el bien de tu salud y por el bien de esta nueva dieta vas a tener que buscar a alguien más que te ayude con esta misión.

664. Si tienes entre 15 y 70 años significa que... que no importa la edad que tengas, te aseguramos que Dios tiene preparado un plan perfecto para ti.

665. Si eres una persona muy distraída significa que... significa que eres una persona hiperactiva, creativa e inteligente.

666. Si lo que quieres es que tu hombre te persiga como un perrito faldero significa que... significa que, tienes que hacer que otros hombres te sigan como unos perritos falderos o sea que tengas más ganado, al hombre le encanta competir por esa mujer que él quiere y que él desea.

667. Si aprieta los labios cuando está contigo significa que... significa que, se está aguantando

las ganas de decirte algo, pero, no lo va a soportar tanto, no tarda en decírtelo.

668. Sientes que estás guapa o guapo significa que... significa que no lo estás tanto, está comprobado que nuestro cerebro hace que nos veamos alrededor de cinco veces más guapo o más guapa de lo que creemos.

669. Si quieres jugar con la mente de las personas significa que... significa que tendrás que realizar algunos trucos sucios y eso no es de una buena persona.

670. Si le contaste un secreto a alguien significa que... significa que, ya valiste madres está comprobado que el 90% de las personas tardan entre 15 minutos y máximo 47 horas en regar el chisme por todos lados.

671. Si muestra las palmas de las manos cuando está contigo significa que... significa que, es una persona que está totalmente abierta a darte mucha confianza hablar contigo con la verdad.

672. Si frunce mucho el ceño cuando está contigo significa que... significa que, está dudando demasiado de tus palabras, de tus acciones e incluso llega a molestarle lo que le estás diciendo. Pon mucha atención.

673. Si eres muy rebelde significa que... significa que, a pesar de todo eres una persona soñadora, eres una persona atrevida, una

persona que va por lo que quiere sin importar lo que digan los demás.

674. Si te gusta el chile significa que… significa que, eres una chica o un chico muy atrevida o muy atrevido posiblemente mexicana te encanta el chile.

675. Si te celan mucho significa que… significa que realmente no te aman, así como lo escuchas, porque el amor verdadero es comprensión, es libertad.

676. Si él tiene los ojos abiertos cuando hacen el delicioso significa que… significa que le encanta ver tu pasión y expresiones.

677. Si te emborrachas antes de un examen o de una presentación importante significa que… significa que seguramente vas a llegar a ser más confiado, más seguro, pero que también te va a fallar muchísimo más la memoria.

678. Truco revelado de una mujer infiel: Una mujer infiel siempre te va a ser infiel el día que menos lo esperes, un martes, un lunes, la vez que va al *gym* o incluso dos horas antes de ir a la iglesia, de ley.

679. Si te enojas fácilmente significa que… significa que, vives con cólera, rabia y enojo, vives con muchísimas preocupaciones, estás resentido con la vida, ya cámbiale güey porque al final eso se manifiesta con una úlcera o algo peor y te mueres.

680. Si mira para otro lado cuando te habla significa que... significa que lo pones nervioso o nerviosa, le intimida tu presencia y por eso voltea para evitar esa mirada penetrante que tú tienes.

681. Si eres tierna y a la vez loca significa que... significa que, quien te tenga te debe valorar mucho, eres la combinación que crea una mujer perfecta.

682. Si te dice que te necesita significa que... que tu presencia ha impactado demasiado su vida hasta el grado que comienza a no poder vivir sin ti ¡Aguas!

683. Si una persona sólo te está utilizando significa que... significa que, sólo te habla cuando te necesita, una vez que obtiene lo que deseaba, lo que necesita, desaparece por completo y el día en que tú necesitas algo nunca puede.

684. Si levanta las cejas cuando está contigo significa que... significa que, está de hipócrita, ya está harto de escucharte y está esperando la más mínima oportunidad ya para largarse.

685. Si tu mejor amiga de repente te ignora y se va significa que... significa que ni siquiera debería ser tu amiga. Lo más seguro es que no le intereses como a ti te interesa ella, déjala, dale el espacio y si te sigue ignorando ya no le escribas, a la fregada vienen otras personas a tu vida.

686. Si ya no te emocionan sus mensajes significa que… significa que esa persona ya no te importa tanto, ya no te interesa, has perdido toda emoción y es mejor comunicárselo.

687. Si arruga la cara cuando te ve significa que… significa que le desagradas mucho no te soporta.

688. Si eres una mujer que le gusta el fútbol significa que… significa que, eres una chica apasionada rebelde, te gusta hacer lo que nace de ti sin importar lo que digan los demás o te gusta ver a los jugadores.

689. Si vas por la calle y te sientes en peligro significa que… debes gritar la palabra "fuego", si, tienes que gritar la palabra fuego, está comprobado que la gente se alborota mucho más cuando escucha la palabra fuego que cuando escucha la palabra ayuda.

690. Si te maquillas mucho significa que… significa que es muy probable que quieras ocultar algo, acuérdate: "el payaso que se maquilla demasiado oculta su tristeza".

691. Si te gusta mucho volar significa que… significa que eres bien marihuana, no es cierto, significa que te gustan las alturas, que te gusta ir para arriba en tu vida, te gustan los retos y cumplirlos.

692. Si a tu pareja le gusta una canción en especial significa que… significa que le trae buenos

recuerdos, tal vez le recuerda una persona de su pasado, pero no te enojes ya pasó.

693. Si tienes tatuajes significa que: significa que te gusta abrirte a nuevas experiencias, te gusta destacar y probablemente tienes un recuerdo que jamás quieres olvidar, algo bien presente.

694. Si eres un mi rey de verdad significa que: que eres un niño bien, pero bien mamón, pero sobre todo te sabes vestir bien, sabes lo que es bueno, sabes comportarte ante los demás, es lo más importante, compartes lo que tienes, compartes tu conocimiento también con los demás para que sean como tú.

695. Si te quedas dormido cuando viajas significa que: significa que eres una persona muy inteligente y creativa, una persona muy ocupada, entonces, aprovechas cualquier ocasión para guardar tus energías y poder darte un descanso.

696. Si te da miedo salir sin tu celular, significa que... significa que, podrías tener una fobia que se estima el 75% de la gente tiene y ese es el miedo a dejar tu celular.

697. Si mueve las piernas cuando está contigo significa que... significa que, está muy estresada desesperada y que ella se quiere largar.

698. ¿Sabías que el ochenta por ciento de las mujeres cuando tienen un problema buscan ayuda en las redes sociales?.

699. Levántate Durante un mes a las cinco de la mañana y verás que no hay duda, no hay ni la más mínima duda de que un milagro pasará en tu vida.

700. Si un hombre te invita a ver pelis en su casa significa que... significa que, tú ya sabes perfectamente lo que vas a terminar viendo.

701. Si cuando lo estás haciendo con tu novio se preocupa más por satisfacerte a ti que a él primero significa que... significa qué, has encontrado un tesoro.

702. Si hablas muy fuerte significa que... significa que, eres una persona muy segura de ti misma, te gusta impactar en la gente o igual estás medio sordo.

703. Si una mujer ya no te reclama nada, es decir ya no te pregunta ¿a qué hora vas a llegar? ¿por qué llegaste tarde? ¿cuándo vas a estar conmigo? ¿cuándo vamos a ir a pasear? Si ya no le interesa nada, se hace güey, significa que: significa que ya tiene otro a quien reclamarle.

704. Si eres muy flojo significa que... significa que, se te está pasando la vida, las oportunidades, generalmente la gente se arrepiente mucho más de lo que pudo haber hecho y no hizo; que no te pase eso.

705. Si te gusta tu mejor amigo o tu mejor amiga significa que... significa que, primero debes de investigar si tú le gustas un poco y si no ni te

arriesgues porque perderás su amistad para siempre.

706. Si te pone un corazón rojo en la conversación significa que… significa que, seguramente siente mucho más que amistad por ti, le interesas mucho y le gustas.

707. Si te levantas tarde y también te acuestas tarde significa que: significa que estás dañando tu cuerpo más de lo que crees. Generalmente, las personas que hacen esto tienden a vivir menos tiempo.

708. Si te gustan las películas de amor significa que… significa que, eres muy romántica o romántico, eres muy enamoradizo o enamoradiza y aún tienes fe en que llegue ese príncipe azul o princesa.

709. Si tu mejor amigo o amiga no celebra tus logros contigo significa que… significa que, es un amigo bien envidioso.

710. Si estudias y también trabajas significa que… significa que, eres una persona que tiene todo nuestro respeto, eres admirable, responsable, una persona Luchona y de aquellas que jamás se rinden ante una adversidad. ¡Felicidades!.

711. Si a la semana de andar contigo pone una foto de perfil juntos significa que… significa que, esa foto es para que lo vea su ex.

712. Si te gustan las películas de terror significa que… significa que, amas las emociones fuertes, te gusta cuando tu corazón se acelera y palpita fuertemente, te gusta lo perturbador lo misterioso lo curioso.

713. Si te besa abriendo los ojos significa que… que es una persona muy controladora, le cuesta trabajo confiar en los demás y teme enamorarse de verdad.

714. Un hombre que solamente te quiere dar pasión al principio es muy cariñoso, pero después de que pasa ese acto, todo ese cariño se reduce a 0.0000 0.1% de nada de cariño, sólo obtuvo lo que deseaba. ¡Cuidado!.

715. Si te ignora y te trata mal significa que… significa que, tú no tienes que ignorarlo ni tratarlo mal, al contrario, trátalo peor para que se le quite lo mamón.

716. Si tienes estrías y también arrugas significa que: significa que no debes sentirte mal, al contrario, eso demuestra tus años de lucha, tu fuerza, tu experiencia y tu perseverancia. Si algún hombre te condenó por eso, qué bueno, porque eso demuestra que es un idiota que no debe estar en tu vida.

717. Si alguien te insulta significa que: significa que quiere darte un regalo, pero un regalo de odio, un regalo de envidia, si tú lo aceptas, pues entonces estarás aceptando toda esa porquería que te quiere dar, pero si lo rechazas, se lo

estarás regresando para que se lo meta por el... tú ya sabes dónde.

718. Si odias los lunes significa que: significa que no te gusta tu trabajo, odias tu rutina y es muy probable que no estés valorando lo que tienes y que otros quisieran.

719. Si duermes con la boca abierta significa que: significa que aparte de estar roncando y estar chingando a las demás personas, también puedes generarte problemas respiratorios y eso genera mal aliento. Así que ¡mejor a cerrar la boquita!.

720. Si aún sientes celos al ver a tu ex significa que: significa que definitivamente aún no la has superado o no lo has superado.

721. Si estás pensando regresar con tu ex significa que: significa que no lo hagas por ningún motivo por favor, de cada 100 solo uno funciona una vez que regresas, uno de 100 y tú no eres ese uno, no lo eres, deja de regresar con lo mismo por favor hay un montón de hombres y mujeres.

722. Si tu pareja te culpa de todo significa que: significa que mucho cuidado, porque es una técnica muy grande de manipulación, por tu culpa te fui infiel por tu culpa te pegué, por tu culpa ¡ni madres ¡nunca más!.

723. Si le ruegas a alguien significa que: significa que definitivamente no te amas, no sabes valorarte

ni sabes lo que realmente mereces, te gusta el comerte las migajas de pan y siempre quedarte con hambre.

724. Si ya te aburres con tu pareja significa que... significa que, han dejado de innovar, de tener planes juntos, de ser románticos, su relación está terminando.

725. Si te gustan mucho los zapatos significa que... significa que, para empezar, seguramente eres mujer y que no importa si engordas o enflacas, si los tiempos cambian, no importa nada de eso, tú siempre mantienes tu estilo y tu buen gusto para estar lista para cualquier ocasión.

726. Si te pregunta ¿qué haces? Significa que... significa que quiere saber si tienes tiempo para invitarte a salir o significa que no tiene mucha conversación y no sabe hacer una buena pregunta.

727. Si eliminó el mensaje que te había escrito significa que... significa que, tal vez te había dicho algo atrevido y se arrepintió, que te había dicho un reclamo y se arrepintió o simplemente se equivocó en la ortografía y se arrepintió de enviarlo.

728. Si esa persona te quiere, pero no te lo demuestra significa que... que, es una vil mentira el verdadero amor se demuestra a través de los actos, palabras bonitas cualquier poeta de 5ta a las dice.

729. Si te dice me tienes hasta la madre significa que... que efectivamente pues ya lo tienes hasta la madre, así que si no haces algo pronto te van a mandar a la fregada.

730. Si naciste entre 1960 y 1982 significa que... significa que, te tocaron padres más autoritarios. Acuérdate los de esos tiempos eran "si eso es verde es verde", "dije que no sales y no sales", además seguramente te tocó vivir mucho más *bullying,*

731. Si escribes muy rápido significa que... significa que, piensas más rápido de lo que escribes, podrías ser una persona extremadamente impaciente, pero tu coeficiente intelectual seguramente es más alto que el de la mayoría.

732. Si ya tienes más de treinta significa que... significa que, tal vez, ya te cueste mucho trabajo ver las letras pequeñas, pero a un pendejo sí que los puedes ver desde muy lejos.

733. Si tu letra es muy grande significa que... significa que, eres extrovertido, eres de mente muy abierta y también eres muy generoso con las personas que te necesitan.

734. Si te juntas con pura gente pendeja significa que... significa que, si te juntas con esa gente no vas a terminar bien, recuerda que el que con lobos anda aullar se enseña.

735. Si te eliminaron del *WhatsApp* significa que... significa que, no te preocupes, casi la mayoría

de las personas no aguanta y te vuelven agregar.

736. Si eres muy bromista significa que... significa que, eso está chido, la neta está increíble, se siente bien convivir con gente bromista, pero ojo en exceso caen de la chingada.

737. Si tu letra es muy bonita significa que... significa que, eres una persona muy segura de ti misma, te sientes orgulloso de quién eres y te gustan las cosas bien hechas y lo más importante no te gusta fingir algo que no eres.

738. Si tienes un tatuaje oculto significa que... significa que, te gusta el misterio, te gusta tener secretos exclusivos para mostrarlos sólo a personas que llegan a ser muy especiales.

739. Si una mujer aguanta tu mirada significa que... significa que, claramente le interesas, le llamas su atención, pero también significa que ya sabes quién es la que va a mandar en la relación.

740. Si piensas que todos los hombres son mujeriegos significa que... significa que sí tienes razón, todos los hombres son mujeriegos. Aclaramos que cuando el hombre se enamora de verdad deja de ser mujeriego para entregarse en cuerpo y alma a una sola mujer ¿crees que sea verdad.?

741. Si te da miedo la soledad significa que... significa que, puedes tener muy baja autoestima, muy poco aprecio hacia ti mismo y

por eso aceptas la compañía de cualquier basura, de cualquier persona, la gente que le tiene mucho miedo a la soledad por desgracia a veces termina aceptando personas a su lado que les hacen mucho daño.

742. Si duermes con el cel cerca de ti, significa que... no lo hagas, significa que puedes causarte muchísimo daño, está comprobado que emite radiaciones incluso si está apagado, así que mucho cuidado aléjalo de ti.

743. Si pones tu alarma más de dos veces para poder levantarte significa que... significa que, no te gusta pararte temprano y que pones la alarma así porque así sientes que duermes más, descansas más, y tienes más tiempo, pero ya se comprobó que eso no es verdad; al contrario, hacer eso sólo te fatiga más.

744. Si te deben dinero significa que... significa que, tú le has prestado de todo corazón, pero también significa que ahora le vas a tener que cobrar, porque desafortunadamente la mayoría de las personas te piden y de ahí se esconden y de ahí se les olvida quien los ayudó.

745. Si encuentras a una persona que está en el mismo timing que tú significa que... significa que, no lo debes dejar ir por ningún motivo, esas personas rara vez las encontramos en la vida, es esa persona que si tú quieres viajar él también quiere viajar, está en ese mismo timing o si tú dices: yo ya estoy en una etapa de mi

vida en la que quiero tener un hijo, una hija, esa persona también quiere tener un hijo, una hija, está en el mismo canal, no lo dejes o no la dejes ir.

746. Si una persona suda mucho al estar contigo significa que... significa que, es muy probable que a esa persona tú le pongas muy nerviosa o muy nervioso, que le impacte tu presencia e incluso se sienta inferior cuando está contigo.

747. Si diste positivo a Covid y te curaste significa que... significa que, Dios te ama, porque aún tienes una misión importante que cumplir es otra oportunidad, una oportunidad nueva para avanzar, seguir adelante, valorarte, amarte y perdonar. ¡Aprovéchala!

748. Si le pones un corazoncito a una publicación de un hombre significa que... significa que, debes tener mucho cuidado, porque eso para un hombre es como yo quiero todo contigo y después no te lo vas a quitar de encima ¿te ha pasado?

749. Si quieres atraer a un novio fiel significa que... significa que, atraes lo que eres, si quieres atraer un novio fiel tienes que ser fiel contigo y no sólo en el amor de pareja, sino contigo misma con tus sueños, tus metas, tus objetivos, tus valores, tus principios y fiel con tu familia. Si tú logras relativamente ser fiel con eso y no te engañas a ti misma, en esa medida atraerás a un hombre fiel.

750. Si te ignora y luego te busca significa que... significa que, no eres su prioridad, simplemente no estás en las cosas más importantes de su vida.

751. Si creciste sin padre significa que... significa que, tuviste una madre que vale por dos, que se esforzó el doble así que, si aún la tienes con vida valórala.

752. Si duermes de lado significa que... significa que estás durmiendo en una excelente posición, probablemente la mejor, eso le ayuda a tu cerebro a sacar todos los desechos tóxicos que viene cargando, mejora tu circulación de una manera increíble y aparte te ayuda a que no tengas ronquidos.

753. Si te toca mucho al estar contigo significa que... significa, que es una persona kinestésica, las personas kinestésicas necesitan tocarte para grabarse bien el mensaje y también obviamente si lo está haciendo contigo quiere decir que le interesa lo que le estás diciendo por lo tanto le importas.

754. Si piensas que todos los hombres son iguales significa que... significa que, tal vez en la vida ya te han tocado demasiados patanes, que te han hecho demasiado daño, que has dejado de creer para siempre.

755. Si comes saludable significa que... significa que, amas tu cuerpo te importa tu imagen, pero sobre todo valoras mucho tu salud.

756. Si te sientes feo o fea significa que… significa que, probablemente desde chiquito o chiquita te hicieron mucho *bullying*, pero esa gente que te hacía *bullying* era gente que solamente se estaba centrando en tus defectos, generalmente defectos físicos pero si tú en este momento comienzas a ver todas tus virtudes y logros y te centras en ellos, entonces te valorarás y una persona que se valora jamás se siente feo o fea.

757. Si te da miedo la oscuridad significa que… que realmente no le tienes miedo a la oscuridad a lo que le tienes miedo es a tus pensamientos y a pensar en lo que podría pasar.

758. Si te gusta jugar Free Fire significa que… significa que, eres una persona que te gusta competir que te gustan los retos, pero debes tener mucho cuidado, el juego es demasiado bueno y adictivo, así como una droga.

759. Si quieres que un hombre te deje en paz significa que… significa que vas a tener que ser muy culera, es decir, ni dirigirle la palabra, ni la mirada, que toque la puerta de tu casa y le cierras en la cara como si no existiera, llega un mensaje o una llamada cuelgas… es la única forma en que los hombres entienden que una mujer no los quiere.

760. Si alguien habla mal de ti a tus espaldas significa que… significa que, tu vida es más interesante que la de esa persona.

761. Si cuando duermes abrazas tu almohada muy rica significa que... significa que estás con falta de cariño, tienes falta de amor, y te gustaría que las personas te quisieran más.

762. Si ya ves todo como machismo y cualquier estupidez para ti es ser machista significa que... significa que, por desgracia tu corazón ya está muy dañado por tantas parejas que te han hecho sentir tanto dolor o incluso esto puede venir desde la niñez.

763. Si de repente sientes tristeza sin razón alguna significa que... significa que, ya te han hecho demasiado daño, que se te ha hecho un hábito sentirte así y no importa si las cosas van bien en tu vida, de repente tu cerebro ya no lo puede aceptar y te lleva, aunque todo esté bien, a buscar algo malo para hacerte sentir como tú te sientes cotidianamente.

764. Si no sabes qué hacer, haz esto: respira profundo cierra tus ojos y siente los latidos de tu corazón. Él te indicará cuál es el camino correcto.

765. Si has bloqueado personas ocultando tus historias significa que... te mereces nuestras felicitaciones, aunque mucha gente diga que eso es un signo de inmadurez estar bloqueando, ni madres, la única realidad es que no hay nada más grande e importante que la paz y si eso te va a dar paz bloquea a quien tengas que bloquear.

766. Si quieres intimidar a alguien con quien estás hablando significa que... significa que, tienes que quedártele viendo en medio de las cejas mientras habla, te quedas viendo fijamente en medio de las cejas y verás.

767. Un dato psicológico muy lógico, una persona que te escribe a diario seguramente le gustas.

768. Si una persona llora mucho mientras te explica algo significa que... significa que, debes ponerle muchísima atención y abrir tu corazón a lo que está diciendo si está llorando es porque está siendo sincera o sincero.

769. Si tú eres vegano o vegetariano significa que... significa que, odias el maltrato animal, para ti comer carne es algo de gente que no es civilizada, tú sabes que ahora nosotros como humanos, podemos decidir qué comer.

770. Si tienes dos cuentas de Facebook, significa que... significa que una la usas para amistades, pero la otra la usas para andar de chismoso o chismosa o maromear al novio o a la novia para ver si te es infiel.

771. Si no te gusta usar ropa interior significa que... significa que, probablemente vas a tener una noche de pasión y va a estar mejor o simplemente te gusta estar cómodo o cómoda y te vale madres lo que dicen los demás.

772. ¿Sabías que un buen beso en la boca bien dado puede quemar entre dos y tres calorías por

minuto? entonces te voy a recomendar que hagas esta dieta, es necesario y por tu salud para quemar calorías y si tu esposo o tu novio ya no le gusta dar tantos besos, es necesario buscar a alguien más para que de verdad bajes de peso como debe ser. ¡Hazlo!

773. Si te gusta dormir desnuda o desnudo significa que... significa que, te gusta dormir ligera, fresca y cómoda. Además, un dato interesante dormir desnudo elimina más los hongos y las bacterias así que es muy higiénico aparte de que sin duda despertarás con más energía.

774. Si te gustan los deportes extremos, significa que... significa que, eres una persona con muchísimo valor, eres muy aventada, la verdad eres de esas personas que no le temen a nada. Sin embargo, también puede ser que vivas muy poco si no te cuidas.

775. Si quieres que esa persona te busque significa que... significa que, para empezar, debes eliminar toda la angustia que tienes para buscarla o buscarlo y llamar su atención. Acuérdate entre más lo busques, entre más lo persigas más se te escapa.

776. Si tienes mala ortografía significa que... significa que, probablemente eres una persona muy poco observadora, no te gusta leer o escribir o simplemente no fuiste a la escuela.

777. Si tu hombre siempre te hace berrinches significa que... existen muchos hombres que

LOS 1001 CONSEJOS Y SIGNIFICADOS + POPULARES DE:
Amor – Autoestima – Desamor – Parejas – Sueños – Infidelidad – Relación Tóxica
Signos Zodiacales – Datos Psicológicos

177

hacen demasiados berrinches, parecen como niños chiquitos, déjalo que haga sus putos berrinches... (si voy a ir con tu familia, pero sólo voy a ir media hora) le dices: si mi amor. (No creas que vas a salir así vestida) le dices: mi amor voy a salir así vestida, pues no voy, le dices: pues no vayas. Que no vaya déjalo que haga su berrinche.

778. Si te dice: no quiero hacerte daño significa que... significa que, en realidad te está diciendo yo ya no quiero estar contigo, pero no sabe cómo decírtelo y entonces busca este pretexto, ya no quiero hacerte daño, pero en realidad ya no quiere para nada estar contigo.

779. Si tú te crees muy inteligente significa que... significa que, tal vez seas una persona con mucha falta de admiración, te gusta que te miren los demás y por eso crees que eres mejor que ellos, pero en realidad una persona inteligente es todo lo contrario, es humilde y calla sabiamente.

780. Si estaban hablando bien y de repente ya no te contesta significa que... definitivamente es una persona confundida, ni siquiera sabe lo que quiere. Es más, si de verdad te quiere o no, da igual y por ahí hay un ex o una persona que lo está molestando y ese tipo de personas no valen mucho la pena dedicarles tu tiempo.

781. Si quieres tener más energía haz esto: no comas muchos carbohidratos, ¡Por favor! Toma

demasiada agua, el agua te da demasiada energía, obviamente haz ejercicio a tu nivel, con diez minutos de buenos saltos está bien. También si quieres tener más energía debes meditar solo cinco o diez minutos; meditar no es difícil solo respira y concéntrate en algo que tú quieras atraer a tu vida, es todo, y lo más importante no olvides tener una gran actitud, ante todo.

782. Si después de su primera noche de pasión ya no te habla igual significa que... significa que realmente solo te quería para eso, es la verdad, pero no te preocupes tú tranquila o tranquilo cuando se vuelva a prender, te va a llamar.

783. Si lloras mientras duermes significa que... significa que, tienes mucha tristeza en tu corazón probablemente vienes cargando una espinita que no has podido sacar, algo que no has podido olvidar y eso te hace soñar cosas tristes y llorar.

784. Si tú no tienes clave en tu celular y el sí significa que... significa que seguramente él si es infiel y tú no.

785. Si tu esposo se enoja por todo y antes no lo hacía significa que... seguramente ahora ya se siente frustrado de estar ahí e incluso tu presencia le molesta y ya llevan mucho tiempo casados, pero lo más seguro es porque ya tiene a alguien más y prefiere estar con esa otra

persona; así que al llegar contigo se estresa y se enoja.

786. Si te repente desapareció sin decir nada significa que... significa que, vio algo en ti que no le pareció o le encantaste tanto que sintió miedo a enamorarse perdidamente de ti.

787. Si eres mujer y te gusta mucho hacer el delicioso significa que... eres ninfómana.

788. ¿Sabías que... el ochenta por ciento de las personas a los dieciséis años conocerán a la persona con la que se van a casar?.

789. Si un hombre se para con las piernas abiertas cuando está contigo significa que... psicológicamente, significa que le gustas.

790. El cerebro solamente te pide cuatro cosas: número uno comida, número dos agua, número tres cuchi plancheo y el número cuatro sueño, dormir bonito.

791. Si eres una persona triste significa que... significa que, tendrás menos probabilidades de que alguien se enamore de ti. Los estudios demuestran que la gente triste repele prácticamente el amor, pero a la gente feliz nos encanta enamorarnos.

792. Si eres mujer y te gusta hacerlo despacito significa que... significa que, eres una mujer que te gusta la seducción la sensualidad y que te gusta que el *pre* sea algo mágico y

extraordinario. No solo quieres hacerlo como los animalitos, sino que lo que quieres es hacer es el amor y muy pocos hombres saben hacer eso.

793. Si tu mujer se enoja por todo y antes no lo hacía significa que... significa que, ya la tienes hasta la madre.

794. Si una chica se dejó conquistar fácilmente significa que... significa que, no tienes que pensar que ella es una facilona ni nada, lo más seguro es que ya le gustabas, le encantabas desde hace tiempo y esperaba ese momento.

795. Si te gusta que termine adentro significa que... significa que eres muy liberal que te gusta disfrutarlo al máximo, pero también has de tener un montón de chamacos.

796. Si tomas mucha Coca-Cola significa que... significa que, le estás haciendo daño a tu cuerpo. Sabemos que es una bebida deliciosa, sin embargo, esta bebida daña tu estómago más de lo que crees.

797. ¿Sabías que el ochenta y cinco por ciento de las mujeres se deprimen por su aspecto físico? comprobado psicológicamente, así que no lo hagas.

798. Si tu mujer ya no aguanta que la toques significa que... significa que, te tiene mucho rencor por algo que le hiciste.

LOS 1001 CONSEJOS Y SIGNIFICADOS + POPULARES DE:
Amor – Autoestima – Desamor – Parejas – Sueños – Infidelidad – Relación Tóxica
Signos Zodiacales – Datos Psicológicos

181

799. ¿Sabías que los perritos pueden ver y pueden sentir la tristeza en los humanos y cuando lo notan inmediatamente se inclinan contigo y te acompañan?.

800. Si desapareció y luego te dice que estaba con un amigo significa que... significa que, es una mentira, si de verdad hubiera estado solo con un amigo jamás habría desaparecido.

801. Si te levantas por las noches y de repente te pegas en el dedo chiquito del pie significa que... significa que, ya conoces uno de los dolores más fuertes que existen en la vida y además seguramente culpaste a todo el mundo y te enojaste.

802. Si su contraseña de su celular es muy difícil, casi imposible, incluso parecen jeroglíficos significa que... algo muy grave te esconde.

803. ¿Quién crees que dice más groserías los hombres o las mujeres? Los hombres sin lugar a duda, los hombres dicen más groserías, sin embargo las mujeres sin necesidad de decir tantas groserías saben exactamente qué decir para herirte.

804. Si siempre haces tu cama significa que... significa que, eres una persona muy disciplinada te encanta la limpieza, el orden y no te gusta dejar para mañana lo que puedes hacer hoy.

805. Si cuando está contigo no recibe nunca los mensajes significa que... te es infiel.

806. Si le preguntas a tu novia si está celosa y te dice no, para nada significa que... significa que, por lo menos esperes unas ocho horas más o menos de sufrimiento y tortura.

807. Si tu mente deambula por la noche o sea te la pasas pensando que ya no puedes conciliar el sueño significa que... significa que, ya no estás feliz con tu vida.

808. Si ya casi nunca tiene tiempo para responderte significa que... significa que, has dejado de ser su prioridad.

809. Si cruzas los brazos y la otra persona también significa que... le gustas.

810. Si quieres que se enamore de ti significa que... significa que, tendrás que echarle muchísimas ganas, porque las personas que valen la pena merecen la pena trabajar por ellas, sin embargo, un consejo ¡por favor! No te hagas altas expectativas, da lo mejor de ti, déjate fluir y que suceda lo que tenga que suceder.

811. Si sientes que al dormir tiemblas mucho, significa que... teratológicamente significa que, tu alma literalmente sale de tu cuerpo y eso es muy peligroso porque muchas veces le cuesta volver a regresar a tu cuerpo y a la realidad o también puede significar que hace poco viviste

un evento muy traumatizante y tu subconsciente no lo ha superado.

812. Si tu color preferido es el morado significa que... significa que, eres una persona extremadamente perfeccionista, una persona con muy buena autoestima. El morado es el símbolo del poder, así que eres una persona que sin duda va a llegar muy lejos.

813. Si a tu ex le da alegría que ya estés saliendo con alguien más significa que... significa que ese ex te amo de verdad.

814. Si naciste en noviembre significa que... significa que eres una persona con iniciativa con mucha creatividad, tiendes a salir rápido de las adversidades, ninguna adversidad te tumba, eres una persona con mentalidad triunfadora.

815. Si quieres más a tu papá que a tu mamá significa que... significa que, a lo mejor eres mujer, generalmente las mujeres siempre se sienten más inclinadas hacia el papá y los hombres hacia la mamá.

SIGNIFICADO DE SUEÑOS

Los sueños no son ficción ya que al dormir nuestra mente consiente se apaga y nuestra mente subconsciente se despierta y se enciende como una locomotora a todo vapor.

Nuestro subconsciente trae todo aquello que nuestro consiente no es capaz de captar, manifestando ideas y pensamientos a través de nuestros sueños. Cabe mencionar que también hay cosas que aún no hemos podido comprender del todo, algunas son por ejemplo soñar a alguien que murió o tener alguna premonición, o el soñar constantemente a una persona.
Así que nos dimos a la tarea de no solo investigar la parte psicológica de nuestros sueños; sino también la parte espiritual y hasta paranormal del significado de estos.

En esta sección encontrarás muchas respuestas que has estado buscando durante tanto tiempo.

816. **Si sueñas con comida significa que:** La comida puede relacionarse con la ansiedad y también con temores. Recuerda que la comida es una de las principales necesidades del ser humano. Saciar el hambre es la base de la pirámide de necesidades de Maslow, por ello, el soñar con esto puede significar que, temes a que algo o alguien falte en tu vida o simplemente eres súper tragona.

817. **Si sueñas con espejos significa que:** Es un sueño típico y se relaciona con procesos de inseguridad o con baja autoestima. Es probable que estés pasando por un conflicto amoroso o por una situación incómoda con algún círculo de amigos. Esto puede afectar el poder de creer en ti mismo. Soñar con este objeto es una señal de alarma que te envía tu cerebro para que reflexiones y no te dejes influenciar por situaciones que son pasajeras.

818. **Si sueñas con trastes o cajas en general significa que:** Por lo general, cuando se sueña con este tipo de objetos quiere decir que hay plenitud en tu vida. Eres una persona con preocupaciones mínimas, no sientes remordimientos y mantienes al alcance tus metas y en buen nivel. Sabes vivir tu tiempo y tomarte las cosas con calma, en realidad es un buen sueño o significa que dejaste muchos trastes sucios y no los quieres lavar.

819. **Si has soñado con tener mucho dinero significa que**: Al contrario de lo que se puede

pensar que es un sueño sobre la abundancia no lo es. Este sueño más que nada significa que estás angustiada o angustiado con preocupaciones e inseguridades. También es probable que no tengas el dinero para terminar el mes y vas a tener que ir a la casa de empeños.

820. **Si has soñado con la Muerte significa que:** Significa que es uno de los sueños más comunes, en este sueño no importa cómo hayas visto a la muerte, porque lo más importante es que este sueño no significa que vas a morir o va a venir por ti, más bien representa un cambio importante en tu vida, un cambio de casa o de ciudad o qué cerrarás un ciclo en tu vida.

821. **Si has soñado que caes al vacío o que vuelas significa que:** Ambos sueños, aunque no lo creas, tienen mucho que ver, ya que ambos se refieren a las expectativas de tu vida. El simple hecho de soñar que vuelas es una señal del cerebro para que te mantengas enfocada o enfocado en tus objetivos que te has planteado y el vacío significa que estás perdiendo el piso y el enfoque.

822. **Si has soñado con víboras significa que**: la única verdad es que muchísima gente le teme a este animal y eso justamente significa soñar con ellas. Las serpientes representan el miedo a algo fuerte que has estado enfrentando en tu vida, como a una enfermedad tuya o de un familiar muy cercano. En si algo que te da mucho miedo si salieran mal las cosas, por

desgracia este sueño a veces es una premonición de algo inevitable, que eso que temes pasará, por eso si las sueñas debes estar atenta todos esos días.

823. **Si has soñado con unas arañas significa que**: soñar con unas arañas generalmente significa que existen muchos enredos en tu vida y chismes, por lo que debes tener mucho cuidado cuando sueñas con este animal, porque es probable que estés viviendo algo en tu vida como una traición de la cual no saldrás bien librado, también puede ser alguna infidelidad de tu pareja que se está llevando a cabo.

824. **Si has soñado con personas desconocidas o personas que nunca has visto en la vida significa que:** Este sueño es muy frecuente en las personas, pero también es frecuente soñar con personas a las que no les miras el rostro. Estos tipos de sueños son de premonición ya que algunas veces conoces a personas primero en tus sueños y luego en la vida real. Así que este es un don el cual puedes llegar a desarrollar.

825. **Si has soñado con bebes significa que:** Fíjate que es un sueño más común entre las mujeres, no significa que los hombres no lo sueñen, pero en su mayoría son mujeres las que sueña con bebés. El soñar con bebés representan el nacimiento de cosas nuevas, por lo tanto soñar con ellos generalmente trae mensajes muy poderosos. La mayoría de las veces estos seres

traen luz que ilumina nuestro camino, soñar con un bebé recién nacido significa que tienes mucho el anhelo de tener un hijo; en los negocios y en tu vida personal puede significar que vienen cosas nuevas muy interesantes.

826. **Si sueñas con Bebés en pañales Significa que:** Éste es un momento en tu vida donde tienes alguna dificultan o problema que te tiene muy ocupada u ocupado, es muy probable que ante este problema no te estas portando como un adulto, por lo tanto se queda en pañales, digamos no avanza el proyecto o algo en tu vida no está avanzando, se está quedando en la fase inicial. Analiza qué es y actívalo.

827. **Si has soñado con un bebé que se está riendo significa qué:** Fíjate que este sueño significa que te va a ir muy bien económicamente, estarás muy bien en tus finanzas, por lo tanto, también emocionalmente, quiere decir que puedes estar tranquilo o tranquila porque todos tus proyectos se darán favorablemente para ti, realmente también significa un cierre de ciclo, algo que no habías podido concluir se concluirá a tu favor.

828. **Si has soñado que cargas un bebé que conoces significa qué:** simplemente significa que eres una persona que te gusta proteger a tu familia al máximo y si hay pequeños en tu familia seguramente deseas lo mejor para ellos, también puede significar que estás protegiendo

con mucho celo tus proyectos tus metas y tus sueños lo cual te traerá muy buenos resultados.

829. **Si has soñado con un bebé muerto, con una caja de muerto blanca de bebé también significa que:** Significa generalmente que estás viviendo una pérdida muy dolorosa en tu vida, puede ser la pérdida de un amigo, puede ser la pérdida de un familiar, incluso puede ser una pérdida sentimental de una pareja que te ha dejado muy dolida o dolido. En este tipo de sueños te podemos decir que incluso puedes llegar a necesitar ayuda profesional porque te estás hundiendo en el dolor, también podría ser que algún proyecto tuyo muy importante no funcionó, prácticamente ya fracasó y te sientes en derrota.

830. **Si ha soñado que tienes un bebé significa que:** Muy parecido a los sueños que tienen que ver con bebés, también este significa que hay un deseo de tener un nuevo miembro en la familia.

831. **Si has soñado con piojos significa que:** A nadie absolutamente le gusta soñar con algo tan desagradable como los piojos o las liendres, sin lugar a dudas, este sueño es algo desagradable que va a suceder en tu vida, por ejemplo puede ser algún enemigo que tienes oculto y piense hacerte daño, puede ser alguna pérdida económica importante o incluso alguna enfermedad por venir. También se puede

interpretar como algún descuido fuerte en tu vida incluso en lo personal.

832. **Si has soñado que quien tiene los piojos eres tú significa que :** Éste sueño sin lugar a dudas habla totalmente de que tienes enemigos reales, algunos de ellos pueden estar incluso entre tus amigos, por lo cual debes tomar las mayores precauciones. En cuestión del trabajo es muy probable que te esté yendo muy bien con tu superior, pero que tus compañeros tengan envidia y estén planeando hacerte una jugada por debajo del agua. Ten mucha precaución, debes estar muy alerta con la gente que no conoces y llega de repente a tu vida y son muy aduladores contigo o gente que antes no te hacía mucho caso y ahora está muy cerca de ti.

833. **Si has soñado que tu hija tiene piojos significa que:** Debes protegerla de inmediato y poner mucha atención a la gente que está su alrededor ya que alguien quiere hacerle daño, es muy probable que ella misma se sienta que necesita ayuda y se sienta sola. Si la niña es adolescente con más razón tendrás que poner mucha atención porque pide tu ayuda y la necesita.

834. **Si has soñado con sangre significa que:** La sangre es parte de los seres humanos y de los animales, pero aun así siempre verla causa un problema o desagrado, sin embargo, en los sueños no necesariamente significa un mal augurio, sino que pueden significar cosas

LOS 1001 CONSEJOS Y SIGNIFICADOS + POPULARES DE:
Amor – Autoestima – Desamor – Parejas – Sueños – Infidelidad – Relación Tóxica
Signos Zodiacales – Datos Psicológicos

195

buenas. Por ejemplo, si sueñas que ves sangre, pero no hay heridas significa que estás luchando por tus metas y que tal vez necesites el apoyo de un familiar o alguna persona para lograrlas.

835. **Si has soñado que te sale sangre de la nariz significa que**: Esto sí que es un sueño de mal augurio y mala suerte, ya que simboliza que todo lo que traes dentro de ti de repente explota y sale. Este sueño te advierte que si sigues siendo una persona furiosa y enojona puedes tener muchos problemas de salud en el futuro.

836. **Si has soñado que te sale sangre por la boca significa que**: Significa que estás a punto de decir cosas que pueden dañar a muchas personas, por lo que te está advirtiendo que debes cuidar tus palabras y la forma de decirlo antes de dañar a los demás porque estás a punto de hacerlo.

837. **Si has soñado con sangre de menstruación significa que**: Esto significa un cambio importante en tu vida cerrar algún ciclo o tal vez estás apunto de encontrar una respuesta a algunas incógnitas, este sueño siempre implica nuevas cosas en tu vida y generalmente esas nuevas cosas son para bien pon mucha atención y acepta nuevos proyectos o personas.

838. **Si has soñado con disparos y sangre significa que**: debes estar totalmente alerta en lugares

públicos, no confíes en nadie y cuídate mucho más de lo normal porque es probable que un peligro se acerque.

839. **Si has soñado con tu ex significa qué:** Soñar con tu ex es uno de los sueños más recurrentes que tienen los seres humanos, pero estos sueños tienen muchísimas variantes dependiendo de lo que tú estés viviendo en ese momento, por lo que, en lo siguientes significados lo haremos un poco más resumido para ti dependiendo de lo que estés soñando. Pero en general, se puede decir que el sueño es muy común ya que tu subconsciente se queda con todo lo que has vivido con esa persona y lo trae recurrentemente a tus sueños, muchísimo más si apenas terminaron o muchísimo más si vivieron situaciones fuertes y emocionales juntos.

840. **Si has soñado que tienes relaciones sexuales con tu ex significa qué:** Significa que extrañas demasiado la intimidad con esa expareja y te gustaría mucho experimentarlo de nuevo, la forma en que este sueño se va, es cuando al fin en uno de estos sueños logras tener relaciones sexuales con ese ex. Si actualmente estás con una nueva pareja y tus sueñas que tienes relaciones con tu ex, significa que algo en tu nueva pareja te está haciendo falta.

841. **Si has soñado que besas a tu ex significa que:** tienen un vínculo muy hermoso ustedes dos y

quieres volver a sentir esa emoción que te causaba besarlo, búscalo bésalo y descúbrelo.

842. **Si has soñado que vuelves a estar con tu ex, es decir, vuelven a ser pareja significa qué:** es uno de los sueños más comunes de los seres humanos, pero depende mucho la sensación que te deja este sueño, cuando tú despiertas, cómo te sientes cuando despiertas después de haber soñado que regresas con tu ex, ¿te sientes feliz o te sientes triste? y ¿enojada o enojado?, en el caso de que este sueño al despertar te haga sonreír, te sientas bien puede ser una señal de que deseas mucho regresar con ese ex. Si el sueño es demasiado recurrente entonces tal vez signifique que debes cerrar ya ese ciclo hablar con tu ex y dejar las cosas en paz.

843. **Si te ha pasado que has soñado con tu ex cuando estás a punto de casarte con alguien más o de juntarte y hacer una vida con alguien más esto significa que:** primero debes tener calma, este sueño no significa que quieres regresar con tu ex ni nada de eso, más bien significa que tu cerebro y tu cuerpo y tu propia vida tiene miedo a iniciar algo nuevo. Acuérdate que el cerebro prefiere lo ya conocido y por eso recurrentemente aparece en tus sueños tu ex, pero sólo es un pequeño miedo a lo nuevo, no te preocupes y dale a lo nuevo una oportunidad.

844. **Si has soñado que tu ex pareja ya está con alguien más significa que**: Éste es un sueño un poco difícil de descifrar, sin embargo, es una

persona que ya no está en tu vida y tú aún lo sigues soñando, esto se debe a que puedes sentir incluso celos o miedo que no sabes controlar, significa claramente que no has podido superar a ese ex por lo que se recomienda que lo busques, limes asperezas y lo dejes ser feliz, así dejarás de soñar eso que te atormenta.

845. **Si has soñado con excremento o popó significa que:** Generalmente este sueño se atribuye a que muy pronto tendrás una suerte inesperada, un golpe de suerte o te irá bien. También se atribuye a que al fin podrás dejar o sacar todos esos malos sentimientos que no te dejaban estar bien, también se atribuye mucho este sueño al dinero, ya sea pérdida o ganancia de él, pero en ambos casos es para bien, si es pérdida del dinero es porque has aprendido financieramente y te irá mejor en el futuro y si es ganancia pues obviamente es bueno.

846. **Si eres mujer y sueñas con excremento significa que:** Debes tener mucho cuidado con este sueño si eres mujer, ya que significa que te estás convirtiendo en una mujer demasiado ambiciosa en lo económico, es muy probable que estés buscando a un hombre con mucho poder y dinero, no importa si te gusta o lo quieres, serás capaz incluso de casarte con él por el dinero y los bienes materiales, el problema es que te tenemos que decir que no serás feliz… atenta a esto.

847. **Si has soñado que estás embarazada significa que:** si en el sueño tú eres la que está embarazada, significa que se están gestando nuevos proyectos para ti que pueden ser muy buenos, ¿cuál es la clave de esto? que esa idea que tienes, ese proyecto, eso nuevo que piensas realizar, lo lleves hasta el final hasta su conclusión y que sobre todo, como a un bebé lo cuides desde un principio hasta que crezca un poco, se fortalezca y luego madure, pero es un sueño de muy buen augurio si lo cuidas.

848. **Si has soñado que estás embarazado y eres hombre significa qué**: Éste es un sueño revelador sobre todo de carencias sexuales, debes analizarte muy bien en tu vida ya que al contrario del sueño de estar embarazada que es alentador en nuevos proyectos y cosas buenas en la vida, cuándo es un hombre el que sueña estar embarazado es al revés, son cosas negativas, estancamiento.

849. **Si has soñado que otra persona está embarazada significa qué:** Éste es un sueño de buen augurio ya que generalmente significa que estás viendo con buenos ojos los proyectos y metas de otras personas cercanas donde incluso tú puedes participar y te irá bien.

850. **Si has soñado que estás en un hotel significa qué:** significa que necesitas un momento para ti a solas, si lo estás buscando con desesperación, necesitas un lugar donde puedas apartarte de

todo y poner tus ideas en orden, hazlo lo más pronto posible.

851. **Si has soñado con la escuela o que estás en la escuela significa que**: Éste es un sueño recurrente con significado a inseguridades, miedos y baja autoestima que puede estar relacionado a experiencias pasadas, ya sea con algún maestro compañeros o amigos, es importante trabajar en tu autoestima y amor propio.

852. **Si has soñado que haces un examen o tienes que hacer un examen significa que**: Éste sueño puede significar que tienes miedo o frustración porque estás en tela de juicio, serás juzgado prontamente por algunas personas o alguna persona en especial está punto de juzgar tus actos, lo que has hecho últimamente y eso te tiene demasiado preocupada o preocupado, pero debes entender que no importa el resultado, sino que estés conforme contigo misma o contigo mismo.

853. **Si has soñado con la escuela de Harry Potter o algo que tenga que ver con esto significa que:** Significa que es tu gran deseo convertirte en un héroe de dibujos animados y poder hacer volar tu imaginación como lo hacías cuando eras niño. No te gusta mucho resolver los problemas cotidianos, prefieres vivir en un mundo imaginario, lo que puedes hacer con esto es crear tu propio mundo ahí en tu

recámara, en tu propia vida, que vaya de la mano del mundo real.

854. **SEGUNDA INTERPRETACIÓN. Si has soñado con la Santa Muerte significa que**: significa que, esta tiene mucha presencia en tu vida, porque la adoras, o la has visto mucho en fotos, o en casa de familiares cercanos, ya que estos la adoran. Si este no es tu caso entonces significa que, ésta se quiere comunicar contigo.

855. **Si has soñado con la Santa Muerte vestida de blanco o vestida de novia significa que**: significa que, probablemente alguien muy pronto te pida que afrontes ese compromiso. En este caso conviene hacer caso y decir que sí a ese compromiso; ya que si tú no te comprometes significa que, te puede ir muy mal.

856. **Si has soñado con ser perseguido o que te persiguen significa que:** ser perseguido en un sueño puede ser el reflejo de qué estás huyendo de un problema en la vida real, o incluso de una persona que no quieres enfrentar. También puede ser interpretado como miedo al fracaso. Si durante el sueño logras reconocer a la persona que te está persiguiendo y si es alguien conocido, ya sea mamá, tu pareja, tu jefe, esto quiere decir, que estás tratando de huir de un problema con esa persona y tienes que enfrentarlo, para solucionarlo de inmediato. En cambio, si no conoces a quien te persigue, esto hace referencia a algún problema del pasado,

que no ha quedado claro o alguna deuda no pagada. ¡Piénsalo!

857. **SEGUNDA INTERPRETACIÓN. Si has soñado con volar o que vuelas significa qué:** Éste sueño puede ser interpretado como una especie de escape nocturno de los problemas que vives cotidianamente. Si en el sueño deseas volar y escapar también puede ser lo contrario, esto depende de lo que esté sucediendo en tu vida. Si, por ejemplo, ahora en tu vida todo está saliendo bien, este sueño hace alusión a que te sientes libre. Otra variante es cuando sientes miedo en tu sueño al volar, esto significa que, hay algo en tu vida que no has podido resolver.

858. **Si has soñado con manejar un automóvil significa que:** Éste sueño tiene muchísimo que ver con el control y con el futuro, por ejemplo: si en el sueño estás manejando en un día soleado significa que, tienes el control de tu vida y todo va bien. En cambio, si conduces en la oscuridad significa una falta de felicidad en tu vida que tienes que solucionar pronto, así que tómate un momento para reflexionar y pensar ¿a dónde estás llevando tu vida? ¿a dónde se dirige? y si realmente, es a donde tú quieres ir.

859. **Si has soñado que quieres ir al baño o que no encuentras el baño significa qué:** Aunque la explicación más común suene aburrida, es real y es que tu cerebro le está avisando a tu subconsciente, que tienes que ir al baño. También en otro contexto puede significar que

te reprimes demasiado en tu vida personal o que tienes demasiadas cosas que hacer y atiendes muy poco tus problemas personales. Entonces necesitas sacar tus emociones y tus sentimientos para encontrar una solución a esto. Si has estado posponiendo algunas cosas de tu vida personal es momento de que tomes el control y ¡lo hagas!

860. **Si has soñado con estar desnudo en público significa qué**: Éste sueño es muy común tanto entre hombres como en mujeres y hace alusión a la vergüenza o a sentirse avergonzado. Es muy probable que tengas algún secreto en tu vida y tengas mucho miedo de cómo van a reaccionar las personas cuando lo descubran. Sin embargo, si en tus sueños te sientes seguro o segura al estar desnudo o desnuda significa que, te sientes muy bien en tu vida y no temes decir lo que piensas, o hacer lo que quieres hacer, en si no te importa tanto lo que digan los demás. En este caso te recomendamos que si estás ocultando un secreto muy fuerte, encuentres la mejor manera de decirlo a los demás y si tú te sientes muy bien con lo que eres, con lo que piensas y con lo que haces, los demás al final lo aceptarán.

861. **Si has soñado simplemente que te caes significa que:** significa inseguridades en tu vida o también, puede ser que has esperado algo durante mucho tiempo y no se ha concretado. Es momento de dejarlo ir, porque la solución a este sueño puede ser que, te sientes

frente a una hoja de papel y escribas todas las cosas que sí puedes hacer y todas las que están fuera de tu alcance. Así podrás entender, que hay cosas y circunstancias que, tú no puedes controlar y lo que si puedes controlar hazlo de inmediato.

862. **Si has soñado con gente famosa, que sigues o que admiras significa qué**: Es muy probable que hayas visto en esta persona famosa que estás soñando algunas características que existen en ti, como el buen humor, tal vez la sonrisa o la agresividad de esta persona famosa. En sí puede ser cualquier cosa que veas en esa persona, pero también la ves en ti y por eso viene a tus sueños. Si esta persona sigue apareciendo en tus sueños de manera recurrente significa que, ya tienes una obsesión con su fama, con su estilo, con lo que hace y tienes que bajarle.

863. **Si has soñado que estás en una casa que se incendia o se inunda significa que:** las llamas indican que tal vez se acerca una transformación que empieza a desarrollarse en ti, porque las llamas iluminan el camino hacia algo nuevo que, te ayudará a transformar tu situación actual de vida. Cuando el sueño se trata de una inundación o de goteras en la casa significa que, tus emociones están sobrepasándote, tienes que controlar tus emociones, bajarle dos rayitas, porque pueden esas emociones traerte enfermedades y solo por no saber controlarlas.

864. **Si has soñado que estás atrapado o atrapada significa que:** Éste sueño habla mucho de inseguridad, miedo, ansiedad y soledad. Generalmente este sueño se da tras la pérdida de un ser querido, ya sea la muerte de un familiar o una ruptura amorosa, aunque también puede ser una pérdida por abandono. La forma de solucionar esto es entender que en tu vida tienes inseguridad y mucho apego a las personas. Es tiempo de empezar a amarte a ti mismo o misma y no necesitar de nadie más o por lo menos intentarlo.

865. **Si has soñado que te ahogas significa que:** Significa generalmente que hay una situación en tu vida en la que te estás involucrando demasiado emocionalmente. Este sueño se da generalmente cuando nos estamos dejando dominar por nuestros sentimientos y emociones. La cabeza abajo del agua significa, la incapacidad de poner nuestras emociones en palabras y poder expresarnos. La clave para que esto se vaya es intentar decir lo que sientes sin que te importe lo que digan los demás y controlar tus emociones, tanto positivas como negativas, ya sea tanto de odio como de amor, para así mantener la paz.

866. **Si has soñado que tienes sexo o haces el amor significa qué**: Éste sueño generalmente significa que tienes necesidades afectivas, que hace mucho no tienes relaciones sexuales o deseas hacer el amor y tu cuerpo naturalmente lo trae a tus sueños, porque en tus sueños te

liberas un poco de esa tención que en tu vida real no has podido.

867. **SEGUNDA INTERPRETACIÓN. Si has soñado que tienes sexo con tu ex significa que:** generalmente significa que tienes recuerdos muy fuertes con esta persona y por eso se aparece en tus sueños, porque tú también deseas revivir mucho de esos momentos otra vez. El simple hecho de echarle una llamada a esta persona para saber cómo está, un mensaje aliviará un poco esa tensión y dejarás de soñarlo, a menos que claro, tú quieras seguir soñándolo.

868. **Si has soñado con el más allá, o con el cielo o el paraíso significa qué:** significa que estás entrando en grandes estados de la existencia humana. Significa que emociones oscuras que hasta la fecha te habían estado acechando desaparecerán. Estás teniendo un despertar y un ascenso espiritual del cual no te debes desapegar. Sigue adelante con esto ya qué estás conociendo a tu ser superior.

869. **Si estás soñando mucho con tu ex pero ya tienes una relación actual significa que:** estás muy triste o inseguro o insegura con tu relación actual.

870. **Si has despertado entre las 03:00 y 3:30 de la mañana significa que**: las personas que tienen esa cualidad, o que tenemos esa cualidad de despertar entre las 3:00 y 3:30 de la mañana

es cuando Dios quiere hablarte, quiere comunicarse contigo, es una hora en la que tu subconsciente está totalmente alerta a Dios. Entonces si tú tienes esa cualidad, conéctate con Dios, aprovecha esa cualidad, cierra tus ojos y te vas a quedar dormido o dormida, pero esta vez lo vas a hacer dándole gracias a Dios o pidiéndole por ese problema que tienes o conectándote con él y te vuelves a quedar dormido o dormida.

871. **Si no recuerdas lo que soñaste significa que:** significa que, es algo muy normal, porque cuando dormimos se activa más nuestra mente y el subconsciente comienza a trabajar. Entonces al despertar se desactiva tu subconsciente y la parte consciente se activa. Esa es la razón, por la que no recordamos lo que soñamos.

872. **Si sueñas demasiado con alguien que no te conoce significa que:** si no te conoce a ti, pero tú si a él es porque estás muy empapado o muy empapada de esa persona, escuchas mucho su música, lo adoras demasiado y tal vez hasta estás enamorado o enamorada de ese personaje; o simplemente se conocieron en una vida pasada.

873. **Que significa soñar que se te caen los dientes:** para mucha gente significa muerte o la muerte de alguien cercano, pero no solo es eso. Este sueño para la gran mayoría representa alguna inseguridad, que tienes algún problema

muy fuerte en tu vida al que no le encuentras solución. Lo que en realidad representa es la ausencia de confianza en tu vida o no te atreves a intentar algo nuevo.

874. **Si Sueñas con alguien que murió significa que..puede significar tres cosas, la primera:** es que esa persona tiene todavía o tenía muchos pendientes contigo y al morir, ya no se cumplieron, la segunda, puede ser que simplemente extrañas mucho a esa persona y la tercera, es que esa persona ya no tiene cuerpo ni forma de comunicarse contigo y lo hace por medio de los sueños.

875. **SEGUNDA INTERPRETACIÓN. Si has soñado con alguien que no conoces y que nunca has visto en tu vida significa que:** significa que tienes muchas ganas de conocer a alguien nuevo. También puede ser la ansiedad de vivir nuevas experiencias, cosas diferentes y también puede significar que, pronto conocerás a esa persona especial.

876. **Si sueñas que alguien muere significa que:** significa que, esa persona probablemente está a punto de cerrar un ciclo e iniciar algo nuevo y aparte, como dicen por ahí, pues ya le alargaste la vida.

877. **Si tuviste recientemente una pesadilla significa que**: significa que, podrías estar viviendo una tristeza profunda, o estar pasando un momento difícil en tu vida y este se ve

reflejado en un sueño caótico y lleno de destrucción. También puede significar que, estás viendo muchas películas de terror antes de dormir y esto impacta tu subconsciente. ¡Cuidado!

878. **Si sueñas que regresas con tu ex significa que:** significa que tu subconsciente lo está atrayendo a ti. ¡Acuérdate! al subconsciente le gusta lo que ya conoce y tú ya conoces a tu ex. Tu subconsciente no comprende que ya terminaron y ve a tu ex aún como tu pareja. Lo que debes hacer es convencer a tu subconsciente de que tu ex ya no es tu pareja.

879. **Si sueñas cosas que no tienen sentido significa que:** significa que, tu vida no tiene sentido. ¡No! No es cierto, pues a veces es como un escape de nuestra realidad. Tal vez porque tu realidad no te gusta tanto, entonces tu cerebro se distorsiona y empieza a soñar con un chingo de babosadas.

880. **SEGUNDA INTERPRETACIÓN. Si sueñas a alguien que nunca has visto significa que:** significa que, pronto encontrarás a alguien con quien vivirás emociones muy profundas en tu vida.

881. **Si estás soñando mucho a una persona significa que:** significa que, cuando estás dormido esa persona seguramente está pensando mucho en ti y que por ley de atracción aparece en tus sueños.

882. **Si sueñas con alguien que quisiste mucho significa que**: significa que, es muy probable que esa persona aun te quiere, te extraña mucho y por eso podría manifestarse en tus sueños.

883. **Si lo que soñaste te parece real significa que:** generalmente puede significar que, tú ya has vivido algo muy parecido a eso, o que muy pronto vas a vivir algo parecido.

884. **Si sueñas mucho con alguien famoso significa que:** significa que, muy pronto conocerás a alguien que aplauda tus logros, te admire y que ame tu forma de ser.

885. **Si tienes más de un sueño en una sola noche significa que:** significa que, eres una persona con mucha imaginación, muy creativa y con muy buena memoria.

886. **Si alguien siempre aparece en tus sueños significa que:** significa que, seguramente esa persona te ha dejado una marca para siempre en tu vida y seguramente tú también.

887. **Si creíste despertar de un sueño y te diste cuenta de que en realidad seguías dormido en otro sueño significa que:** significa que quieres escapar de tu realidad porque muchas veces te pasan tantas cosas malas que ya no sabes en qué mundo vives.

888. **Si sueñas mucho que tu pareja es infiel significa que:** significa que, probablemente lo

sea, pon mucha atención porque muchas veces los sueños son premoniciones.

889. **Si sonríes mientras duermes significa que:** significa que, tienes un sueño muy hermoso o que, alguien muy especial para ti se metió en tu sueño.

890. **Si sueñas con alguien que quisiste mucho significa que**: significa que, es muy probable que esa persona aun te quiere y te extraña mucho, por eso podría manifestarse en tus sueños.

SIGNOS ZODIACALES

Se dice que los signos zodiacales reflejan o rigen las actividades humanas representando doce personalidades básicas o modelos de expresión característicos, influenciados por un planeta una estrella o los astros. También está comprobado que nosotros somos energía, la cual , no se crea ni se destruye solo se transforma, por lo tanto siempre hemos existido en el universo.

Así que, en este capítulo te diremos cuál es tu personalidad de acuerdo a tu signo, y así podremos analizar también con que otros signos te alineas mejor, como un planeta, como el sol o la luna cuando se alinean con la tierra, como las estrellas se alinean para formar una constelación o incluso un sistema solar con otro para formar una galaxia, prepárate para darte cuenta que esto no es tanta ficción como parece.

¿Realmente nuestro signo zodiacal influye en nuestra personalidad? ¿Existen conexiones entre cada signo que nos hacen más compatibles unos con otros? La respuesta la darás tú, hemos recopilado de acuerdo con investigaciones y nuestro propio análisis con personas que creen y afirman que los signos zodiacales han influido en sus vidas y hemos creado nuestras propias conclusiones juntando lo estudiado y lo aprendido empíricamente, que después de que las leas dirás si acertamos o no y al final, de acuerdo con nuestro propio análisis, determinaremos que signos son más compatibles, ¡comenzamos!

891. **Aries** (21 de marzo al 19 de abril) Tu signo es de fuego, tu planeta regente es Marte, tu símbolo zodiacal es el Carnero, en la astrología es el primer signo del zodiaco, así que prácticamente es el inicio de todo, uno de los signos con más fuerza y responsabilidad por lo tanto si perteneces a este signo casi siempre te gusta ser el primero en todo. Eres una persona muy responsable y con un temperamento muy tranquilo y cálido, eres muy protector cuando tienes una pareja y cuidadito de aquél que se meta con las personas que amas, porque detrás de esa templanza y tranquilidad que aparentas también tienes un lado tan fuerte y grotesco que pocos querrán conocer. Eres una persona muy entregada en el amor y darías la vida por la persona que realmente amas. Compatibilidad de acuerdo con nuestro estudio y criterio: Géminis, libra, acuario.

892. **Tauro** (20 de abril al 20 de mayo) Tu Signo es de tierra, tu planeta regente Venus, tu símbolo zodiacal es el Toro. En la astrología es el segundo signo del zodiaco y ya que su planeta regente es venus (al cuál conocemos como el lucero que podemos apreciar, una de las estrellas más brillantes en un cielo estrellado) por lo tanto, si eres Tauro, sin duda te encanta brillar y que te vean, a veces incluso llegas a ser un poco engreído y en el amor crees que deben ganarse tu corazón, el cual no es nada fácil de conquistar, sin embargo, cuando alguien lo llega a conquistar tu semblante egocéntrico cambia por uno más amable y cálido y te vuelves un

compañero o compañera fiel y entregado, siempre y cuando no te fallen por supuesto, porque si te llegan a fallar te pondrás como loco o loca. El que tu símbolo sea el toro te hace una persona muy fuerte, necia en ocasiones y difícil de dominar, muchas veces aparentas más fuerza de la que tienes y tiendes a fingir una sonrisa cuando por dentro te estás muriendo. Compatibilidad de acuerdo con nuestro estudio y criterio: Sagitario, Leo, piscis.

893. **Géminis** (del 21 de mayo al 20 de junio) Tu Signo es de aire, tu planeta regente es Mercurio, tu Símbolo Zodiacal son los Gemelos, En la astrología es el tercer signo zodiacal, uno de los signos más poderosos, hábiles e ingeniosos, su capacidad de influir en las personas los lleva generalmente al éxito, son muy sociables, líderes y por lo tanto tienen muchos amigos; en sus relaciones amorosas les encanta dominar y llevar el control de la relación lo cual los vuelve muchas veces celosos y posesivos. Ya que su símbolo zodiacal son los gemelos, las dos caras la buena y la mala tienden a tener cambios de humor muy irritantes e inesperados, algunos incluso llegan a la bipolaridad, si los agarras de buenas serán un pan de Dios, pero si los agarras de malas no querrás cruzarte así con un géminis. Ya que su signo es aire pero su planeta regente es mercurio hemos llegado a la conclusión de que a eso se deba su cambio de personalidad tan brusco, mercurio es el planeta más caliente del sistema solar así que el aire a veces lo apaga y en otras ocasiones lo enciende

más tal como cuando le soplamos a un anafre para que más arda el carbón, así que si tú eres géminis sé inteligente y pon tu mejor cara cuando te convenga, a veces conviene ser malo y a veces bueno, depende con quien y en qué circunstancias, con quien te valore muestra tu cara buena y con quien no, ya sabes que hacer... compatibilidad de acuerdo a nuestro estudio y criterio: cáncer, capricornio, sagitario.

894. **Cáncer** (del 21 de junio al 22 de julio) Tu signo es de agua, tu satélite regente es la luna, tu símbolo zodiacal es el cangrejo. En la astrología es el cuarto signo zodiacal, aparentemente y por su símbolo del cangrejo parece ser uno de los más débiles, sin embargo, las personas que son cáncer tienden a ocultar sus talentos y virtudes hasta cuando de verdad llega el momento de mostrarlos, son persuasivos e intuitivos, sin embargo, son tan buenos en eso que les cuesta trabajo escuchar a los demás a menos que se trate de algún gurú o de alguien que ellos confirmen que de verdad es mejor que ellos. En el amor son difíciles de conquistar aunque si logras conquistar a un cáncer te entregará todo y le importará tanto tu bienestar como el suyo, también tienen la capacidad de hacerte sentir muy mal con sus palabras si se lo proponen y el que su planeta regente sea la luna les da un cierto ego en el que siempre quieren brillar más que los demás. Compatibilidad de acuerdo con nuestro estudio y criterio: Géminis, piscis, escorpión.

895. **Leo** (del 23 de julio al 22 de agosto) Tu signo es de fuego, tu planeta regente es el sol, tu símbolo zodiacal es el león. En la astrología es el quinto signo zodiacal y tan solo al ver que su símbolo es el león y su planeta regente el sol, sabrás que sin duda es uno de los cinco signos más poderosos, tienden a ser un poco creídos, pero sin perder su amabilidad, muy persistentes y entregados a sus sueños, para los Leo no hay imposibles, aunque a veces se arriesgan demasiado, pero como dicen, quien no se arriesga no gana, por lo tanto, tienden a ser muy ganadores y aunque fracasen, siempre se levantan. En el amor son muy fieles y protectores, cariñosos y comprensivos, aunque eso los hace una presa fácil para las personas manipuladores, infieles y mentirosos por lo que a veces terminan severamente dañados del corazón. Compatibilidad de acuerdo con nuestro estudio y criterio: tauro, virgo y piscis.

896. **Virgo** (del 23 de agosto al 22 de septiembre) Tu signo es de tierra, tu planeta regente es mercurio, tu símbolo zodiacal es la virgen. En la astrología es el sexto símbolo zodiacal por lo tanto marca la mitad, el centro el punto medio, la espiritualidad y el alma, son personas que reflejan paz y tranquilidad, para los virgo no hay imposibles y eso los convierte en uno de los dos signos más poderosos de todos, ellos no solo ven las cosas con los ojos sino también con el corazón, les gustan las relaciones estables y les importa mucho complacer a su pareja en todos los sentidos, aunque tienen la capacidad

de soltar con mayor facilidad que los demás. Su felicidad se basa en lo que ellos creen de sí mismos y no de lo que digan los demás, les gusta vivir con tranquilidad y odian las relaciones toxicas y como sus signo zodiacal es la virgen, no entregan su corazón tan fácilmente, tendrán que ganárselo a pulso. Compatibilidad de acuerdo con nuestro estudio y criterio: Leo, capricornio y libra.

897. **Libra** (del 23 de septiembre al 22 de octubre) Tu signo es de aire, tu planeta regente es Venus, tu símbolo zodiacal es la balanza. En la astrología es el séptimo signo zodiacal, lo cual lo hace demasiado especial. El número siete siempre ha representado cosas extraordinarias en la historia, desde las 7 maravillas del mundo hasta los siete pecados capitales. El siete no es cualquier número por lo tanto, las personas libras tienden a ser muy especiales, magníficas y únicas, son personas muy resistentes ante las adversidades y pueden llegar a soportar la peor de las tormentas y volver a levantarse una y otra vez, suelen brillar más por lo que llevan dentro que por lo que llevan fuera, debido a su símbolo zodiacal que es la balanza les gusta llevar un equilibrio en sus vidas, cuerpo mente y alma, en el amor son muy justos, nunca dan más de lo que reciben, aunque muchas veces ocultan sus talentos y virtudes con tal de no desequilibrar la relación dejando muchos sueños y metas incumplidas. Suelen ser poco materialistas y siempre les importará más un buen corazón que una cartera llena de billetes.

Compatibilidad de acuerdo con nuestro estudio y criterio: aries, sagitario y virgo.

898. **Escorpio** (del 23 de octubre al 21 de noviembre) Tu signo es de agua, tu planeta regente es Plutón, tu símbolo zodiacal es el escorpión. En la astrología es el octavo signo del zodiaco, fuerte calculador y en ocasiones impaciente, al ser su planeta regente Plutón el más alejado y pequeño planeta del sistema solar, hace que sea una persona difícil de explorar y complicada de entender y tienden a alejarse de las personas que no les aportan ningún beneficio. Jamás descansan hasta saber la verdad y eso los hace verse un poco necios en sus ideas, pero también tenaces en sus objetivos, son de corazón fuerte pero si logras llegarles al corazón suelen ser compasivos y hasta bondadosos, son muy inteligentes pero debido a que su símbolo zodiacal es el escorpión, siempre saben darte donde más te duele así que trata de jamás meterte con un escorpión. Compatibilidad de acuerdo con nuestro estudio y criterio: cáncer, acuario y capricornio.

899. **Sagitario** (del 22 de noviembre al 21 de diciembre) Tu signo es de fuego, tu planeta regente es Júpiter, tu símbolo zodiacal es la flecha y el arquero. En la astrología es el noveno signo zodiacal y probablemente el más fuerte y poderoso de todos, para empezar su planeta regente es júpiter el cuál es el planeta más grande del sistema solar, más de trescientas

veces más grande que la tierra, los sagitario son fuertes y difíciles de doblegar, cuando tienen algo en mente no descansan hasta lograrlo, pero también son personas muy sacrificadas, lo cual podría ser su punto débil. A veces entregan y dan tanto a su pareja que terminan olvidándose de sí mismos, sin embargo, pase lo que pase el sagitario siempre se levanta, tienen un gran corazón pero cuando se enojan explotan ya que su signo es fuego, son muy positivos pero en ocasiones tienden a sentirse superiores. Compatibilidad de acuerdo con nuestro estudio y criterio: virgo, tauro y géminis.

900. **Capricornio** (del 22 de diciembre al 19 de enero) Tu signo es de tierra, tu planeta regente es Saturno, tu símbolo zodiacal es la cabra. En la astrología es el décimo signo zodiacal, un número que representa grandes cosas como los diez mandamientos, por lo que tienden a seguir mucho las reglas a tal grado que muchas veces sacrifican sus propios gustos y propósitos con tal de hacer lo correcto. Son muy cuidadosos de lo suyo y no les gusta mucho prestar sus cosas, pero, si logras entrar en su corazón te compartirán incluso lo más valioso que tengan. Son personas espirituales, tienen muchos valores y la familia es primero, por lo que desafortunadamente a veces se quedan y soportan a una pareja con tal de que la familia permanezca unida. Compatibilidad de acuerdo con nuestro estudio y criterio: géminis, virgo y escorpio.

901. **Acuario** (del 20 de enero al 18 de febrero) Tu signo es de aire, tu planeta regente es Urano, tu símbolo zodiacal es el aguador o portador de agua. En la astrología es el onceavo signo zodiacal un símbolo que representa el antes del final, por lo que tienden a dejar cosas inconclusas, a veces les falta muy poco para lograr su objetivo y terminan rindiéndose en el último momento, sin embargo, cuando se lo proponen arrasan con todo así como su signo que es el aire, son muy reservados por lo tanto les cuesta trabajo expresar lo que sienten. En el amor son reservados y les gusta mantener sus relaciones amorosas en privado, odian que la gente se meta en sus vidas pero mientras no lo hagan serán muy humildes y humanitarios. Les cuesta un poco de trabajo confiar en los demás, así que cuando conozcas uno dale su tiempo. Compatibilidad de acuerdo con nuestro estudio y criterio: libra, escorpio y aries.

902. **Piscis** (del 19 de febrero al 20 de marzo) Tu signo es de agua, tu planeta regente es Neptuno, tu símbolo zodiacal es el pez. En la astrología es el doceavo signo zodiacal por lo tanto es el último y el que su símbolo zodiacal sea el pez lo hace ver débil y sutil, sin embargo, detrás de esa sutileza se encuentra alguien fuerte y decidido. Son personas muy vanidosas y difíciles de enamorar, son personas muy selectivas a la hora de elegir a sus amistades y muchas veces fingen una sonrisa cuando por dentro se sienten tristes, tienden a ser muy cotizados y son muy femeninos, pero con un

corazón difícil de doblegar, y en el amor son muy tiernos apasionados y entregados, así que si eres piscis por favor no te entregues a cualquiera. Compatibilidad de acuerdo con nuestro estudio y criterio: Leo, tauro y piscis.

903. Si eres cáncer, escorpión o piscis significa que: significa que eres muy intuitivo o intuitiva, soñador, emocional, te gusta sentirte libre, aunque cabe mencionar que en tus relaciones eres demasiado protector.

904. Si eres aries, leo o sagitario significa que: significa que eres signo fuego, eres ardiente, eres apasionado, eres un gran líder y también te gusta ser el centro de atención cuando sales y te gusta vivir con mucho optimismo.

905. Si eres tauro, virgo o capricornio significa que: significa que eres un signo de tierra, por lo tanto eres una persona que tiene bien puestos los pies sobre la tierra, eres muy realista, eres muy inteligente, también eres una persona que piensa mucho sus decisiones antes de actuarlas. Eres muy responsable eres muy trabajador o trabajadora y disciplinado.

906. Si eres géminis, libra o acuario significa que: significa que te encanta comunicar las cosas, incluso te encanta debatirlas, eres un signo de aire significa que te gusta estar libre, sin embargo, te cuesta mucho trabajo abrir tus sentimientos.

AUTOESTIMA, REFLEXIONES, ORACIONES Y MANTRAS.

En esta parte del libro encontrarás varias reflexiones, oraciones mantras y sigificados que te ayudarán a elevar tu autoestima o recuperarla, así mismo, saber dónde la has perdido y con quién, y entender que volver a creer en tí no es tan difícil como podría parecerte.

Entrégate a la lectura de los siguientes significados y reflexiones y descubre que la verdadera belleza del mundo siempre ha estado dentro de ti, mucho mas cerca de lo que jamás habrías soñado, esta es la parte más espiritual del libro esperamos que la disfrutes.

907. Sé feliz donde estás y no donde te gustaría estar, sé feliz hoy y no mañana y haz feliz a quienes están contigo ahora y no esperando a alguien que todavía no llega.

908. Aunque te tires al vacío y le des la espalda a la vida debes entender que, hay cosas que perdiste y jamás volverán, así que mejor abraza la vida y sigue con todo y dolor. Cuando diste lo mejor de ti, lo mejor que tú tienes, no importa el resultado; si la otra persona no lo entiende, a veces, lo mejor de ti, la mejor versión de ti, no le llena a los demás, deja de sufrir por lo que otros piensen y entonces vivirás más relajado. Cuántas noches en vela, cuántas lágrimas has derramado por alguien que no lo merece.

909. El dolor se ve en tu mirada y en tu sonrisa fingida, quien lo note y te dé un abrazo sin decirte nada, es aquel que de verdad te conoce.

910. No existe persona perfecta, perfecto solamente Dios.

911. Todo lo que sufriste, todo lo que lloraste, todo lo que soportaste y todo lo que gritaste, Dios lo canjeará por paz, alegría y palabras llenas de amor.

912. Puedes llorar, tirarte al vacío, hacerte la víctima, pero las personas que son realmente felices con los años son las que se levantan se destapan el rostro se limpian las lágrimas y siguen adelante. La decisión es solamente tuya, decide avanzar y ser feliz hoy.

913. Lo más importante es que mientras haya vida debes sentirte bien.

914. Deja de hacer cosas que no te aportan nada y despierta todas las mañanas con cosas positivas, que se te va la vida.

915. Decirte te amo a ti mismo, es la medicina más poderosa para el alma y el mejor método de sanación para tu corazón.

916. Un sabio dijo: no te confíes de las palabras bonitas ya que esas se las lleva el viento, muchos tienen azúcar en la boca y veneno en el corazón.

917. El dilema es que somos adictos a ser infelices, somos adictos para sufrir, si no hay ya ninguna razón por sufrir nosotros la buscamos y lo hacemos. Tú mismo con tus pensamientos te obligas a sufrir y ya tienes que parar con eso, porque la vida solo es una y la estás desperdiciando a cada instante; es muy simple manada, mira, desde que tú te levantas vas a tener siempre dos opciones en tu vida o te centras en las cosas negativas de la vida, las cosas que nos provocan infelicidad, estrés y hastío o te centras en las cosas que te provocan un éxtasis de emoción y de felicidad. Desde que tú te levantas te van a pasar tanto cosas buenas como malas, mira que la vida es así y no hay forma de evitarlo, el secreto está en cómo estamos reaccionando en lo que nos está pasando. Si te enfocas en lo bueno que te está

pasando estarás feliz y cuando tú estás feliz irradias felicidad a los demás, a los que amas y cuando irradias felicidad a los que amas atraes más felicidad a tu vida.

918. Un sabio dijo: valiente es quien dice la verdad sabiendo que lo perderá todo.

919. Manada, cuando diste lo mejor de ti, lo mejor que tú tienes, no importa el resultado. Si la otra persona no lo entiende no es tu problema, a veces, lo mejor de ti, la mejor versión de ti, no le llena a los demás, pero ese ya no es tu problema; deja de sufrir por lo que otros piensan y entonces vivirás más relajado. Mira cuántas noches en vela, cuántas lágrimas has derramado por alguien que no lo te ha valorado, ¿tú crees que vale la pena seguir haciéndolo? la respuesta creo que es muy obvia. Da lo mejor de ti sin esperar nada cambio y después relájate y deja que el mundo gire. Al final si no te lo compensa esa persona pues Dios te lo compensará, porque Dios siempre mueve las cosas por amor hacia ti.

920. A este mundo venimos para hacer felices a los demás, a dar amor, a dar lo mejor de nosotros mismos.

921. Por qué si se supone que nosotros somos los dueños de nuestros pensamientos por qué entonces nos llenamos la cabeza de tanto pensamiento negativo y pensamiento de dolor, pensamientos que no sólo nos traen tristeza

sino amargura, estar pensando en el ex, estar pensando en lo que pasó hace un mes, estar pensando en el dinero que perdí etc. Etc. Realmente es una decisión, tú decides qué pensamientos tener en tu cabeza tú decides con qué alimentar tu cerebro, lo cual se va a ir hacia tu corazón, si tú te alimentas con resentimiento con odio, con maldad, con recuerdos negativos, con lo malo que te dicen las personas tóxicas, eso va a inundar tu corazón, pero realmente tú tienes la elección de decidir si eso que te están diciendo y eso que te está pasando, si ese pasado que llevas cargando te va a afectar o no, es una decisión tuya.

922. El día que menos lo esperes pasará, en esa hora cotidiana en la que nunca ocurre nada, ese momento en el que ni siquiera te arreglas, donde no hay fiesta ni música, en ese segundo donde se paraliza el tiempo, ahí es cuando sin darte cuenta, aparecerá esa persona que siempre has buscado, esa persona indicada para ti; ese ser que incluso fue designado por Dios desde antes de que tú nacieras para completar tu vida y hacerte feliz.

923. Se pasaron de lanza contigo, tus padres te humillaban, tus propios padres te decían que no podías que no ibas a poder, a veces, hasta tus propios padres te violaban lo cual es una verdadera vergüenza para un ser humano; sabemos que el ser humano comete errores y todos la regamos pero hay gente que no tiene escrúpulos, que a eso no se le llama pendejadas

sino maldad y cosas que te marcan tanto, que te han hecho una persona triste e insegura en la vida y la verdad es que, si eres una persona que cree que ha tenido mala suerte en la vida es probable que sí, y que tú puedes cambiar tu vida es también probable que sí, pero, hay gente que nacemos con mala suerte... nosotros no elegimos tener una mamá con discapacidad, no elegimos vivir en un cuarto donde no había ni muebles, vivíamos en un piso de tierra, no elegimos no tener dinero, pero nos tuvieron que pasar todas esas cosas que son las que nos han hecho más fuertes.

924. ¿Qué pasaría si finges tu muerte? verás que las personas que te odiaban ahora te han perdonado, las personas que hablaban mal de ti incluso fueron a despedirse de ti, verás que si estabas disgustado con alguien esa persona pierde su ego y te hablará en ese ataúd, en ese ataúd donde no estás; la gente empieza a hablar de todas las cualidades que tú tenías, se empieza a lamentar por el tiempo que no puedo estar contigo a tu lado, por todos los momentos que dejaron pasar etc. Es algo terrible, pero en ese momento tú vas a salir, tú vas a dar la cara y les vas a decir: tuve que fingir mi muerte para que todos ustedes estuvieran aquí, tiene años que no los veía, tiene años que no los podía abrazar y entonces, tal vez, muchos de ellos se van a molestar y te van a odiar, pero seguramente la gran mayoría va a agradecerle a Dios porque tiene la oportunidad de volverte a abrazar, aunque los hayas engañado.

925. Ayer un ángel nos dijo que llegará esa persona especial para ti, que tu riqueza no se basa en tu fortuna material sino en tus experiencias vividas, que todas tus lágrimas serán transformadas en sonrisas, pequeñas mentiras se convertirán en verdades, que aquello que no te mató te hará mucho más fuerte, que pronto tendrás aquello que de verdad mereces, que un amor fuerte y sincero pronto aparecerá y en el momento que menos lo esperabas; nos dijo también, que detrás de esa sencillez que aparentas hay una magia qué será descubierta, que detrás de esa actitud sumisa que aparentas hay una actitud poderosa, una actitud que pronto sacarás a flote y será increíble.

926. La muerte vendrá por ti en algún momento. Todos estamos en una fila esperando ese momento para avanzar a algún lugar y en lo que estás esperando en la fila sólo te queda una cosa por hacer, disfrutar la vida. El tiempo, el tiempo tampoco perdona, el tiempo hace crecer una flor la crece frondosa y maravillosa y al final la marchita y no hay forma de evitarlo.

927. Que se haga tu voluntad y no la mía, esa frase tan famosa de la biblia significa precisamente eso, cuando tú lo dejas en sus manos tú haces lo que puedes, haces hasta donde puedes, pero todo lo demás no depende de ti, depende de una energía superior y tú sabes cómo se llama, así es, no hay manos más seguras que las manos de tu creador.

928. Decir adiós no es algo malo, decirle adiós a algo a alguien incluso se podría decir que es algo bendito y hermoso, decir adiós significa dejar con Dios, dile adiós, déjalo en manos del señor, que él puede hacer todo más liviano.

929. Aunque tengas el alma rota nunca dejes de brillar.

930. ¿Existe o no existe Dios? Estimados, muchas personas nos preguntamos si de verdad existe un ser supremo y hay mucha gente que ha dejado de creer por diferentes razones, una de ellas es la religión, la religión ha cometido muchos errores a través de la historia, a veces las adversidades que nos tocaron vivir, las situaciones que nos tocaron vivir, la suerte, la mala suerte, influyen mucho en que creamos o no creamos en Dios. Pero primero necesitamos definir la palabra Dios, ¿qué significa? y la verdad tiene muchos significados, pero vamos a tomar en cuenta uno que no se meta tanto en el debate y es que significa: "diversificador invisible de organismos y sistemas". Y si te somos sinceros, a nuestro punto de vista y de acuerdo con todo lo que hemos vivido creemos que hay muchas razones para creer que si existe.

931. Permítenos hacer esta oración por ti por favor: "Padre, escúchanos, dale paz a la gente que ahora tiene tormenta, en su vida, sánalos, tú sabes que con una palabra tuya bastará para sanarlos, aliviar ese dolor y esa tristeza y esa

soledad por la que están viviendo, por favor te lo rogamos, Dios nuestro repara ese corazón roto. Dios mío dales esa fe que han perdido, esa fuerza que han perdido, esa esperanza que han perdido. Dios te pedimos en esta oración que sanes sus heridas del corazón".

932. ¡A Dios no le pidas migajas! ¡a Dios no le pidas conocer un hombre o una mujer!, ¡pídele conocer a alguien maravilloso, al correcto, al que te va a amar al qué va a estar contigo!.

933. Dios nuestro te pedimos por nuestra manada, por nuestra gente, por nuestros hermanos, que esta enfermedad no solamente no se propague en el cuerpo físico, sino que no se propague en nuestras mentes; que no cree pánico, que no cree odio, que no cree crisis, que en lugar de llevarnos al abismo aprendamos de esto y nos lleve a la gloria.

934. Queremos hacer esta oración a nombre de toda la gente que está sufriendo por tantas cosas hoy en día en el mundo, por un desamor, por una pérdida, por un corazón roto, por la economía etc. "Dios por favor escúchanos esta noche y haz que esta oración llegue a los corazones y al alma de la gente que lo necesita; abre las puertas de la abundancia, la riqueza y del amor para toda la gente que vea este libro, para esa gente que tenga el corazón sangrando, te pedimos que sanen esas heridas, dales la fuerza que ya no tienen, la esperanza que les falta, la fe que han perdido, dales una mano

amiga, conspira a su favor para que los problemas tengan solución y llegue felicidad a su vida amén".

935. Tienes cinco segundos para pensar en tres personas que ames mucho 1...2...3... 4. 5... seguramente no te nombraste a ti, quiérete un poco más.

936. Dios tiene un plan perfecto, verás que aún el peor dolor en el futuro tendrá un sentido. En lo personal te podemos confesar que nosotros mucho tiempo renegábamos de Dios, porque habíamos nacido en pobreza extrema, con una madre con discapacidad, luchábamos todos los días por comer. Cuando tuvimos ese sueño de dar conferencias, no se nos daba, fracasábamos y fracasábamos y le decíamos a Dios: ¿por qué a otros si les das y a nosotros no? Entonces, después de mucho tiempo entendimos que todo lo que habíamos pasado era por una razón, qué tuvimos que ser pobres para entender a los pobres, que debimos tener a una madre con discapacidad para entender a los discapacitados, y que tuvimos que vivir en abundancia después para entender a los que tienen abundancia y entendimos que pase lo que pase, te esté pasando lo que te esté pasando Dios tiene un plan perfecto para ti.

937. Si te critica mucho significa que en el fondo te admira o quiere ser como tú.

938. **Tres *tips*** para ser rico: Primero tienes que vivir con menos de la mitad de lo que ganas. Número dos, deja de tenerle miedo al dinero y de creer que los ricos son personas malas. Número tres, trata de aprender de personas ricas que ya lo han hecho, que ya hayan salido de abajo o que tengan una condición similar a la tuya.

939. Lee bien este mensaje: "Tú eres lo que tú crees que eres. Si en este momento tú empiezas a creer que eres un triunfador, que eres una triunfadora eres una guerrera, que eres un chingón, en eso te vas a convertir", quién te lo dice son dos hermanos que venimos de la pobreza extrema y que hemos logrado todos nuestros sueños y que empezamos a repetirnos a nosotros mismos: "somos unos triunfadores" y lo fuimos logrando poco a poco. Una vez me encontraba en un retiro espiritual y uno de nuestros mentores nos dijo que dibujáramos lo que nosotros sintiéramos en nuestro corazón, lo que queríamos ser, lo que queríamos lograr, lo que queríamos tener y yo dibujé una estrella recuerdo, y me dijo: ¿por qué dibujas una estrella? y le dije, es que yo quiero, ser una estrella algún día, te estoy hablando que tenía 17 años, yo quiero ser una estrella y él me dijo: ¿qué no te has dado cuenta de que ya eres una estrella? Es lo que queremos decirte a ti, que ¡tú ya eres una estrella desde que naciste y eres una estrella que viene a brillar, lo demás depende de ti!.

940. Si el coronavirus terminó significa qué… ya te lo puedes dar con tu novia o con tu novio.

941. En estos tiempos de aislamiento es cuando te das cuenta de que quien de verdad te quiere, por lo menos te echo una llamada o te aventó un mensaje.

942. Si cuando te miras al espejo ves a la persona más hermosa del mundo significa que… que tienes una autoestima poderosa y que sin duda vas a triunfar en la vida.

943. Si de verdad crees en Dios significa que… que sabes que jamás va a dejarte solo o sola confía en él, él tiene los mejores caminos que te llevarán a la felicidad.

944. **Tres *tips*** para no deprimirte: Primero, aunque no lo creas date un baño y arréglate, ponte guapo ponte guapa, aunque no vayas a salir a ningún lado hazlo por ti. Número dos, haz ejercicio. Número tres, pon algo en la tele que te haga sonreír, aunque no quieras verlo.

945. Si lo que quieres es que la persona que te gusta te escriba, visualízalo siéntelo y espera un mensaje, eso es ley de atracción.

946. Si quieres saber si tienes baja autoestima checa esto: Si eres de las personas que, al saludar, al dar la mano, saludas muy tenue, muy leve, sin duda tienes baja autoestima; si tú saludas de forma normal sin apretar tanto, tienes una autoestima adecuada; pero si saludas y aprietas

muy fuerte tu autoestima está demasiado elevada, te crees más que todos, pero lo que más nos importa es que si saludas muy leve tienes baja autoestima.

947. **Tres** *tips* para quitarte lo aburrido: Número uno busca una buena serie de Netflix pero que te atrape. Número dos, busca una persona con quien tengas conexión, con quien puedas hacer video llamadas eso es extraordinario. Número tres, hacer *Tik Toks* estúpidos, aunque no los subas, pero el chiste es divertirse.

948. Si ya te sientes cansado o cansada y definitivamente ya nada te levanta el ánimo significa que... que debes de tener muchísimo cuidado, puede que te estén robando la energía y quien puede ser es tu pareja, tu ex, tus padres, los programas de televisión, las noticias, todos nos roban energía ten cuidado.

949. Canciones que te harán sentir alegre al instante. Número uno Mark Anthony "vivir la vida". Número dos, "vive" de Napoleón y número tres, "hoy quiero bailar", de los hermanos Pancardo.

950. Si aún tienes un abuelito o una abuelita con vida significa que... significa que, los tienes que cuidar mucho, que los tienes que disfrutar muchísimo, son seres de luz, son seres que por su experiencia a veces, incluso nos enseñan más aún que nuestros propios padres.

951. Mujer, tu belleza está en tu actitud, en cómo te comportas ante la vida, la belleza la verdadera

belleza de una mujer no está en su cuerpo, no está en sus curvas, no está en lo sexy que es; la verdadera belleza viene de cómo te comportas ante la vida, con tus hijos, con tu familia, con la gente que te rodea en las calles... ¿qué tipo de actitud tienes? los hombres, los verdaderos hombres interesantes, nos enamoramos de la actitud de las mujeres.

952. Si ha muerto alguien que amabas mucho, alguien que fue muy especial en tu vida y ahora sientes un dolor muy profundo por su partida significa que: significa que ya tienes una persona allá arriba que siempre va a ver por ti y que su energía siempre va a vivir en ti, mientras la recuerdes, no dejes morir a esa persona, vive, pero de los recuerdos bonitos, algún día, tal vez, nos volvamos a reencontrar con toda esa gente que tanto amamos.

953. Si tú también crees en Dios significa que: significa que tú sabes que hay alguien ahí a tu lado cuidándote que te guía y que siempre está cuando lo necesitas.

954. Si lo que quieres es una respuesta divina, una respuesta a un problema o algo que de verdad no has podido solucionar en mucho tiempo... lo que tienes que hacer es muy simple, cuando te vayas a dormir primero te tomas un vaso de agua y luego cuando te vayas a dormir le pides por favor a Dios que te dé una respuesta en tus sueños y te aseguramos que él de alguna

manera se te va a revelar, obviamente si se lo pides con mucha fe.

955. Si ya quieres salir del clóset significa que... significa que ya por fin has entendido lo que vales, estás listo o estás lista para salir realmente al mundo y darte cuenta quién te quiere por lo que eres y darte cuenta de que nadie puede juzgarte a menos que tú te juzgues a ti mismo o a ti misma.

956. Si tienes mucho miedo a algo o alguien, lo que sea, a algo que podría pasar significa que... significa que no tienes idea de quién siempre está a tu lado, si tú supieras que Dios siempre va contigo no tendrías miedo.

957. Si tienes un problema muy fuerte significa que... significa que debes de estar más cerca de Dios, él conoce las soluciones a los problemas que parecen para nosotros imposibles, el abrirá los caminos encomiéndate a él.

958. Si quieres ser famoso en *tik to*k significa que... que tienes que hacer lo que te nazca sin miedo, tendrás que ser muy fuerte, habrá mucha gente que te ame, pero también habrá mucha gente que te critique y si no tienes piel de rinoceronte para que esas flechas de crítica no atraviesen en tu piel, vas a sufrir demasiado.

959. Si una persona que amabas muchísimo, con todo tu corazón, murió repentinamente en un accidente significa que: significa que debes despedirte de esa persona, no tuviste tiempo,

no lo esperabas, ¿cómo lo puedes hacer? cierra tus ojos esta noche y concéntrate antes de dormir pidiéndole a Dios que te lo traiga en tus sueños para que te puedas despedir, antes de dormir primero visualízate con esa persona, si lo llegas a soñar aprovecha y despídete de todo lo que hizo en tu vida para que tú también puedas avanzar de nuevo.

960. Si haces algo diferente a lo que la gente está acostumbrada significa que, significa que inevitablemente tendrás que remar contra la corriente, serás crucificado o crucificada, serás juzgado y juzgada por todo el mundo porque no están acostumbrados a lo que haces, pero al final, si aguantas con fe y si lo que tú estás haciendo lo estás haciendo de corazón y con amor, serás resucitado también y tendrás éxito en eso que tú haces.

961. Si Dios es tu mejor amigo significa que... significa que no importa si los demás te llegan a traicionar, a mentir, a defraudar, porque sabes que hay un amigo allá arriba que jamás lo hará y con el que puedes confiar siempre.

962. Grábate muy bien esto, en estos momentos hay alguien que te está buscando y cuando te encuentre será maravilloso.

963. Ya bájale a tu depre, de eso que te hace llorar algún día te vas a reír.

964. Si estás pensando estudiar la universidad significa que... significa que, vas a tener que

escoger bien tu carrera, muchas veces elegimos la carrera porque nos lo dicen los padres o porque nos dicen que ahí vamos a ganar muy bien o porque ellos estudiaron la carrera y así no funciona la vida. Tienes que estudiar algo que vaya acorde a tus talentos, que te encante, que lo disfrutes y no importa si la gente te dice que te vas a morir de hambre con esa carrera, nosotros te aseguramos que si estudias algo que va acorde a tus talentos y que te apasiona vas a vivir feliz y con una vida maravillosa.

965. Si educas bien a tus hijos significa que... significa que ya no tendrás que preocuparte por su futuro ellos sabrán labrar su propio futuro, sabrán crear una vida extraordinaria porque tienen las bases, el conocimiento y las herramientas para realizarlo, pero sobre todo si les vas a dejar algo, déjales autoestima que crean en ellos, que lo puedan hacer, que no les importen las críticas de los demás.

966. Si aún tienes la fortuna la dicha de tener a tu madre contigo, esa mujer extraordinaria que te dio la vida significa que... significa que debes cuidarla mucho, debes apoyarla mucho, no le hagas enojar no le des más dolores de los que ya tiene, más preocupaciones de las que ya tiene; nunca le grites contrólate, porque esa persona, tu mamá, ha dado mucho por ti y hay miles de personas que quisieran tener viva a su madre y ya no la tienen.

967. Si tú no puedes vivir en soledad, si tú no sabes lo que es vivir en soledad, significa que... siempre te la vas a pasar suplicando a las personas que te den su compañía o que te den amor, siempre vas a estar en depresión, siempre vas a estar en tristeza.

968. Si quieres ser feliz significa que... que estás muy triste, pero ánimo, la vida es para divertirse.

969. Si te sientes demasiado jodido, si te sientes que te dejaron como si fueras un cerdo en el lodo, si ya lo perdiste todo, todas tus emociones te las tiraron y las destruyeron como una bolita de papel ¿qué es lo que tienes que hacer? volver a levantarte poco a poco amándote y queriéndote.

970. Este mensaje es para todas las mujeres que están sufriendo, llorando por un patán que dice que no las quiere, pero sigues ahí porque tienes miedo. ¿Tú crees que nadie te va a ayudar? ¿crees que no vas a poder salir adelante sola porque tienes hijos? Porque te preguntas ¿dónde voy a trabajar? ¿qué voy a hacer sin él? y aunque me trate mal me quedo aquí. Te decimos algo: nuestra madre nos sacó del fondo del abismo, ella sola con cuatro hijos, ella sola y una silla de ruedas; se pueden hacer las cosas si te atreves, siempre hay alguien que te va a ayudar, un papá, un hermano un primo un amigo y si no hay alguien que te ayude, aquí estamos nosotros para ayudarte.

971. Si tus padres son unos imbéciles, unos idiotas que no te apoyan que no te dan el amor que tú te mereces significa que... significa que te tienes que largar de ahí lo más pronto posible, cuando ya puedas hacerlo hazlo, vete de ahí. Hay papás que no nacieron para ser padres que sólo destruyen la infancia de muchos, que muchos niños van y les cuentan lo que les sucede y no les creen que muchos adolescentes quieren hablar con ellos y no los escuchan, son los papás que creen que todo lo saben y son unos imbéciles... vete de ahí, vete de esa casa y después haz tú, tu propia familia y se feliz.

972. Los mejor buenos días no son de la persona que te gusta, los mejor buenos días son los que te da Dios a través de un buen amanecer.

973. Tres palabras que te harán sentir mejor rápidamente: yo quiero, yo puedo, yo valgo.

974. Si crees en Dios de verdad, si de verdad tienes fe en él y aún no has perdido la esperanza con su poder divino significa que... significa que tú sabes en el fondo de tu corazón que en estos próximos meses llegará ese milagro que tanto has esperado.

975. Si eres una mujer inteligente significa que... que vales lo de 1,000 mujeres bellas pero estúpidas.

976. Si eres una chica hermosa inteligente y trabajadora significa que... significa que, nunca deberías rogar por amor y menos si eres

cariñosa y menos si eres extraordinaria y menos por un imbécil.

977. si has pensado en suicidarte, en desaparecer de este mundo, sientes que ya no puedes más, que todo te agobia significa que… significa que no sabes el daño tan terrible que le vas a causar a las personas que te quieren, porque a pesar de las adversidades y problemas siempre hay alguien que te quiere, pueden ser tus padres, tus amigos, tienes que confiar más en ti, tienes que reencontrarte a ti; recuerda que tú eres un guerrero una guerrera y Dios siempre le pone las batallas más difíciles a sus guerreros más fuertes.

978. Si lastimas a una mujer fuerte significa que… significa que no sabes en lo que te metes, ella sabe perfectamente cuándo, dónde y con quién darte en la madre.

979. Si has sufrido mucho significa que… que eres una persona propensa, muy propensa a tener éxito en la vida, pero solamente si tomas ese sufrimiento como la gasolina que te detone y te lleve a lograr tus sueños.

980. Si eres una mujer lastimada significa que: significa que tu sonrisa esconde tu mayor tristeza, vives con mucho dolor hasta el grado de que padeces noches de insomnio por alguien que no te valoro, pero sobretodo significa que, una mujer lastimada nunca debió ser lastimada.

981. Si eres una mujer que sonríe mucho significa que... que aparte de vivir más alegre y ser más positiva, está comprobado psicológicamente que serás más atractiva para un hombre; de verdad, a los hombres nos encantan las mujeres que sonríen y odiamos a la gente que parece que nunca se bañan porque siempre andan oliendo feo.

982. Jamás mendigues amor, tú eres guapa, fuerte inteligente y amable, cariñosa e incluso en el sexo eres increíble; sabes apoyar en los momentos difíciles y tienes todo para que te rueguen y no para andar suplicando, recobra tu valor.

983. Si eres una mujer guapa, inteligente y trabajadora significa que... significa que jamás deberías de rogarle a un pendejo; significa que eres feliz y chingona, significa que nunca debes de olvidar que el amor más grande que existe está aquí adentro y se llama amor propio y ¿sabes qué? jamás le ruegues a nadie.

984. El hombre siempre se arrepentirá de haber dejado a la mujer que después de terminar se puso bella avanzó y se volvió segura de sí misma.

985. Si sientes que perdiste la motivación y sigues cometiendo los mismos errores significa que... significa que, necesitas hacer un *break* en tu vida, un *stop* en tu vida para analizar todo lo que estás haciendo o todo lo que has dejado de

hacer, los sueños qué has dejado de alcanzar; dónde vives, ¿por qué vives ahí? y entonces, después de ese *break* y ese *stop*, reinvéntate y resurge como el ave fénix.

986. Si eres chaparrita y preciosa no llores por un patán y ¿sabes por qué no? porque generalmente las chaparritas, chiquitas, preciosas como tú… generalmente tienen un chingo de pegue y buenas pompis.

987. Si no tiene mucho tiempo que murió alguien que amabas mucho significa que… significa que, seguramente en este momento estás destrozado, estás destrozada y no es para menos, cuando se muere alguien que amamos es uno de los dolores más fuertes del mundo, pero, aunque parece que ese dolor nunca desaparecerá, debes creernos que lo hará, solo dale tiempo.

988. Y si por una vez en tu vida tienes dignidad y dejas de insistirle, y si por una vez dejas de rogarle y si por una vez dejas de escribirle y tiene un poco de fe en Dios, en que Dios te traerá la persona correcta en el momento perfecto.

989. Si ya no te gusta tu mujer no te preocupes, a otro le va a encantar… y es verdad, creemos que tenemos segura a una mujer porque lleva muchos años con nosotros o porque creemos que a nadie le va a interesar, pero, esa es una total mentira y que siempre hay alguien que

podrá amar bien a la persona que nosotros ya no valoramos, así que cuidado, mejor valora lo que tienes en casa.

990. Si quieres ser una mujer alfa, significa que… significa que, jamás, pero jamás debes tener miedo de perder a un pendejo.

991. Si lloras por cosas pequeñas significa que… significa que, eres una persona inocente y de corazón puro.

992. Que lo ames no significa que vas a soportarle todas sus babosadas, hay que tener mucho cuidado porque el verdadero amor no es sacrificar tu propia dignidad y tu propio amor propio, cuando tú estás pasando sobre tu felicidad por complacer al otro, ahí es donde está el mayor pecado y tu castigo será la infelicidad.

993. Cuando te encuentres por casualidad a esa persona por la que lloraste tanto y ahora no sientas ni amor ni odio por ella o por él, y puedes pasar a tu lado y tú simplemente seguir tu camino, ahí significa que… significa que al fin lo has superado y estás lista o listo para avanzar a algo nuevo.

994. Si al fin has tomado la decisión de soltarlo y dejarlo significa que… significa que, aunque jamás lo olvidarás, también jamás lo perdonarás, pero eso sí, ahora si avanzarás porque no hay nada más fuerte que una decisión.

995. Quien de verdad te quiere te lo demuestra con sus actos, palabras bonitas cualquier poeta de quinta las dice.

996. Levántate durante un mes a las 5 am y siéntate con la espalda recta, cierra tus ojos y respira lentamente; pídele a Dios que te guíe, que te ayude a soltar, avanzar o que te ayude en un problema específico, esa hora es perfecta para hacerlo, para que tu subconsciente se conecte con Dios.

997. Si tienes problemas de dinero, repite este mantra diez veces todas las mañanas con mucha fe y verás dinero llegar a ti de forma inesperada: Yo atraigo dinero, abundancia y prosperidad y recibo grandes cantidades inesperadas.

998. Si te dolió mucho dejar a alguien significa que... significa que, tu unión con esa persona es como la de un parche pegado con el mejor pegamento del mundo y entonces el dolor será de ese nivel, sin embargo, a pesar del dolor, te levantarás y volverás a ser feliz.

999. Si en este momento por alguna razón te has quedado soltera o soltero significa que... significa que, un día y cuando menos te lo esperes llegará una persona que valore hasta el más mínimo detalle de ti, que se enfoque tanto en tus virtudes que ni siquiera pueda ver tus defectos; esa persona llegará, jamás pierdas la fe.

1000. Tú que estás leyendo esto, mira: En nombre de todo lo que has sufrido, en nombre de todo el dolor que has soportado, en nombre de todo eso te deseamos aquí y ahora que muy pronto haya lo suficiente dentro de ti como para no necesitar nada de afuera.

1001. Está bien dejar ir a las personas, la mayoría de las personas que llegan a tu vida solo vienen por un momento para enseñarte una lección y después avanzar. Así que, solo agradece su compañía, sus lecciones y los bellos momentos compartidos. La vida es tan maravillosa, tan única y especial, que no vale la pena detenerte a llorar más de un día por alguien o por algo, ya que si haces eso, te perderás de nuevos momentos increíbles. Debemos de vivir cada día como si fuera el último, tratando de dar lo mejor de nosotros y valorando a esas personas que siguen en nuestro camino. Solo queremos decirte MIL GRACIAS por ser parte de nuestra vida, MIL GRACIAS por leer este libro, esperamos haberte sacado una sonrisa, una lágrima, un recuerdo, pero sobre todo esperamos haber impactado en ti lo suficiente como para que tu vida ahora sea más placentera y feliz... esperamos que hayas encontrado la respuesta a mucho de lo que te agobia y si es así, entonces, nos damos por bien servidos.

Sinceramente, Los Hermanos Pancardo.

Made in the USA
Las Vegas, NV
14 February 2021